すぐに試合で使える！

点が取れる！

魔法のバスケレッスン

考えるバスケットの会会長
中川直之

宝島社

はじめに

PROLOGUE

たった一度のバスケット人生ですから、「どんな指導」「どんな情報」「どんな環境」にふれるかがとても大事です。けれども日本では、バスケットを習える環境はまだまだ十分でないように思います。

また、せっかくバスケットをする環境があったとしてもチーム内での実力差や理不尽に厳しく接する大人たち、ときにいじめ…などの要素が絡まって、バスケットボールをやめてしまう人たちもいるでしょう。

私はバスケットボールに育ててもらった身として、「何か自分にできることがないか」と毎日考えていました。そこから生まれたのが全国でのバスケット教室や動画教材、Youtube、そして本書です。

本書は「魔法のレッスン」というタイトルのように、すぐに結果が出る動きやテクニック、試合で使えるプレーや考え方を紹介しています。

つまずきやすいポイントをカバーしたり、文字と写真、動画を行き来して学びが強化されるように構成しました。

「できる」「できない」は、はじめは気にしなくて大丈夫です。何度も反復して練習していくことで、必ずできるようになります。ぜひ根気強く練習をしていってください。

また本書では、「なぜこれをするのか」という私自身の数々の実戦感覚から導き出した答えを、逆算した形で皆さまにお届けできるように書きました。

頭で目的を理解して、体を動かして自分に染みこませていくという流れで、頭と体で学び、上達を加速させていきましょう。

中川直之

IN THE PAINT

ただのウォーミングアップで度肝を抜かれた

中川　僕たちの出会いは、今考えても奇跡ですね。

中原　面白い出会いだったね。僕が専修大学のＨＣ（ヘッドコーチ）をしていた頃、選手のスカウトでウィンターカップに足を運んだのがきっかけ。目当てはナオとは別の選手だったけど、１回戦でナオたちのチームが私の予想を覆して勝ち上がったので、２回戦はちょっと見てみようかと思って、ちょうど目当ての選手の前の試合だったこともあり、見に行ったんだよね。

中川　それでなんで僕たちを取ってくれようと？

中原　ナオたちは兄弟でアップをしていたよね。その１ｏｎ１を見た瞬間に衝撃を受けて、すぐに「彼らを（推薦で）取ってくれ」と。目当ての選手は、結局試合も見なかったね（笑）

中川　弟のカズにはいくつかの大学から推薦が来ていましたが、「僕ら２人を一緒に取りたい」「２人じゃないとダメなんだ」と言ってくれたのは中原さんだけでした。

中原　ただ僕の経験上、双子のプレイヤーは、めちゃくちゃ仲がいいか、逆に悪いかの両極端なんだよね。その点が心配で山口のいろんな知り合いに当たってみたら、「めちゃくちゃ仲いいですよ」と言われて、安心してオファーをし、来てもらうことになったんだよね。

中川　僕にとっての中原さんは、バスケットの可能性を広げてくれたメンターの１人です。声を掛けてもらって、田舎から関東に出てきて、日本全国のすごい選手たちとマッチアップする経験をさせてもらって、日本一も経験させてもらって今がありますから。本当に感謝で一杯です。

中原　ナオはバスケット的な感性が人とは少し違うよね。他の選手にはないところが見えているというか。

中川　そうなんですかね。

中原　能力が高い選手はたくさんいるけど、ナオは独創的な練習を本当に楽しそうに、誰よりも長くしてたよ

SPECIAL INTERVIEW

ナオのポイントガード脳は、コーチとして無限の可能性を秘めている

TAKESHI NAKAHARA

中原雄

ね。その毎日の練習で培われた感性なんじゃないかな。ゲームとかボールハンドリングとか。

中川　ありがとうございます。僕が入学したとき、すでに中原さんはテレビで解説をされていたりして、メディアでもトップランナーとして活躍されていましたよね。そういう方が教えてくれることに、すごくワクワクしました。トークも上手ですし、すごく僕たちをのせてくれて試合に送り出してくれましたし。「リングが壊れるくらい（ダンクを）ぶち込んで来い」なんて。

中原　あったね。本当にリングを壊したやつもいたからね（笑）

中川　そんな中原さんの指導が僕たちのバスケットボールを加速成長させてくれたと思っています。

中原　基本的に、できるから「やれ」って言ってるだけだよ。ナオたちがたくさん練習でやっていたのを見てたから。僕もプロのプレイヤーを10年間経験させてもらっているんで、「たぶん今、こいつはこう思っているのかな？」なんて思えたりするし。だから試合に勝つことも大事だけど、それ以上にその選手の悩みを解決してあげるヒントを出すことのほうが大事だと思ってる。例えばゲームでダンクを失敗したら、「できるまで試合でやり続けろ！」ってね。

そうやってゲーム中のプレーの感覚をつかむことが、目先の1勝よりも大事なことだと思っているから。

YouTubeや本など、世に考えを出すのはすごくいいこと。頭の中をどんどん出していって欲しい

中川　中原さんの指導を受けてきた僕が、今回本を出版することになりましたがどう思われますか？

中原　本当に価値があることだよね！　コーチになって、自分が勉強していることを頭の中から吐き出して、本にまとめることは素晴らしいことだと思うし。どんどんやってほしい。

中川　僕がオンラインレッスンやYouTubeをはじめたときも、真剣なアドバイスをくださいましたよね。

中原　ナオがやっているような「新しいこと」は、心から応援したいんだよね。人がやらなかったことに足を踏み出すのは勇気がいることだけど、すごく意味があるっ言ったと思う。世の中のためになることは、どんどんやっていってもらいたいな。

中川　僕にはその発想がなくて、先に心構えを教えていただいたから、今でも思い切ってやれているところがあります。YouTubeでやっていることはこれまで世の中になかった新しいものですし、必要としてくれる方もいてくれます。バスケットボールと一緒で、「いい！」ことをどんどんやっていこうと思っています。

中原　僕はね、ナオみたいなコーチをどこかのプロチームが声をかけて、まずはアシスタントコーチとして引き抜いたらいいなと思うし、そういう目や考えを持っているチームは本物だよね。

中川　前に中原さんの前でコーチングをさせてもらったことがありましたね。

中原　あったね。練習の後で少し指導をさせてくれって言って来たよね。あのとき「しょうもなかったらすぐに帰ろう」と思ってたんだけど（笑）

けれどもナオが見ている選手たちへ伝えているバスケットの視点が素晴らしかったし、言い方のタイミン

グもよかった。だからうちの選手たちも無茶苦茶食い入るように見て、話を聞いてたよね。「これだったら絶対に子どもたちも面白いだろうな！」と思ったよ。

中川　今度またＮＢＡの練習を見に、アメリカに連れていってください！

中原　ぜひ行こう！　今ね、アメリカの人たちもビックリしてると思うんだよね。渡邊君や八村君というプレイヤーが出てきて、これまで日本を舐めてたと思うけど、いろいろなところでフューチャーしてくるんじゃないかな。「日本はいい市場になる」ってね。

中川　そういう流れが来ていますよね。

中原　そうなんだよ。そのときに必要なことはプレイヤー自身のがんばりもそうだけど、彼らを成長させられる本物のコーチなんだよね。そのためにはコーチたちはプレイヤー以上に勉強しないといけない。僕は今、ありがたいことにいろいろと入り込ませてもらっているＮＢＡのチームがあるから、そういうところに本物のコーチを連れて行きたいと思ってる。

中川　魅力的な話ですね。

中原　僕はね、ナオのコーチとしての可能性は無限だと思っている。僕の持論はね、「よいコーチは頭の中がポイントガード脳」ということ。ナオは生粋のポイントガードだし、それがいいほうに出ているし、このまま続けてもらいたいな。

中川　ありがとうございます。これからもたくさんの方に僕の持っていることを伝えていけたらと思っています。今日は本当にありがとうございました。

中原　こちらこそありがとうございました。これからもどんどんやってよ！

PROFILE

中原 雄（なかはら・たけし）

1966年福岡県出身。
福岡大学附属大濠高校、専修大学。

大学を卒業後はいすゞ自動車に入社し、バスケットボール部のキャプテンとしてチームを牽引しながらバックガードとして活躍。日本リーグの1部リーグで95年から98年までリーグ4連覇の偉業を達成する。引退後は母校である専修大学バスケットボール男子部アシスタントコーチに就任し、04年に監督へ昇格。02年には中川直之らを主力選手に据え、全日本大学バスケットボール選手権大会(インカレ)で悲願の史上初の優勝に導く。選手の個性を生かしたチーム作り、手腕に定評があり、NHKのNBA中継、CS放送など国内外のバスケットボール解説者としても活躍。また新聞や雑誌の記事、コラム執筆、書籍の監修など多数ある。

バスケレッスン

はじめは「できる」「できない」は、気にしなくて大丈夫です。何度も反復して練習していくことで、必ずできるようになります。そしてできるようになってきたら、「考えること」を加速させ、どんどんレベルアップしていきましょう。ここでは「考え方のヒント」を紹介します。

考える1

「何のため?」という目的から考える

私は指導者に恵まれました。けれども「上手くなる」ことについては、完全に指導者頼みはどうでしょうか?　私が常に考えていたのは、図のように「何のため?」という目的から考えることです。そうすれば「何をしたらよいのか」が自ずと見えてきます。

よくある考え方・進め方

パスを → 早く → 出せ!

何を What / どのように How / なぜ Why

パスを練習しよう ← もっと早いプレーが必要だ ← どうしたらうまくなる?

中川の考え方・進め方

考えて上手くなる!

考える2

意識を集めて散らす

私は自分のバスケットを「集めて散らすスポーツ」と言ったりします。これは相手ディフェンスの意識を自分に集めて散らせば、味方はイージーに攻撃を展開できることを意味しています。意識を英語でFocus(フォーカス)と言いますが、「攻めるフリ」や「守られたフリ」をして相手の意識を集めること。そういった人に対するアプローチを考えることで、よりよいプレーが考えつきます。

考える3

バスケットボールはマジックと同じ!?

身長やスピード、ジャンプ力、シュート力…。どれもが普通な私は、バスケットボール=マジック(手品)で他の選手との違いを作るしかありませんでした。平たく言うと「コートでは相手を騙してなんぼ、人を喰ってなんぼ」ということです。「目線のフェイク」や「身体の向きのフェイク」、「エネルギーの向きのフェイク」などと組み合わせながらアシストを成り立たせていました。

考える4

Vision=「視野」を広く持つ

視野が広い選手は、人よりも先に状況を描けたり、最適なプレーが選択できたり、ディフェンスの一瞬の歪みをつけます。これはプレーヤーとしてかなり大事な資質だと思います。では、どのようにしたら視野が広くなるかですが、「経験」によるものです。私は過去にコートで起こった経験を踏まえて、「こうすればここが空く!」のようなパターンを丸暗記しています。とにかく実践のチャレンジをすること! そうすれば視野が養われていきます。

考える5

いろいろなパスを持つ・出す

私がパスで意識してきたのは、なるべく早く出すことです。そのためには、どんな状況でも出せるパスのバリエーションを持つことが大切だと考えました。「右手でも左手でも同じように」「横向きでも出せる」「後ろ向きでも出せる」など、自分がどこでボールを扱っていても、スムーズにパス動作に移れるように意識してきました。パスのバリエーションを持っていると、プレーの幅や選手としての幅が広がります!

BASKETBALL LESSON

本書の見方／使い方

INTRODUCTION1

01 このページの目的です。

02 動画のQRコードです。動画の見方は左ページで詳しく説明します。

03 やってしまいがちなプレーやポイントを紹介しています。

04 このページで紹介している動きやプレーの目的、注意点などを解説しています。

05 目的のプレーをするためのポイントを解説しています。

06 プレーのポイントを写真と文字で紹介しています。

07 プレーの考え方やアレンジの仕方、応用テクニックなどを紹介しています。

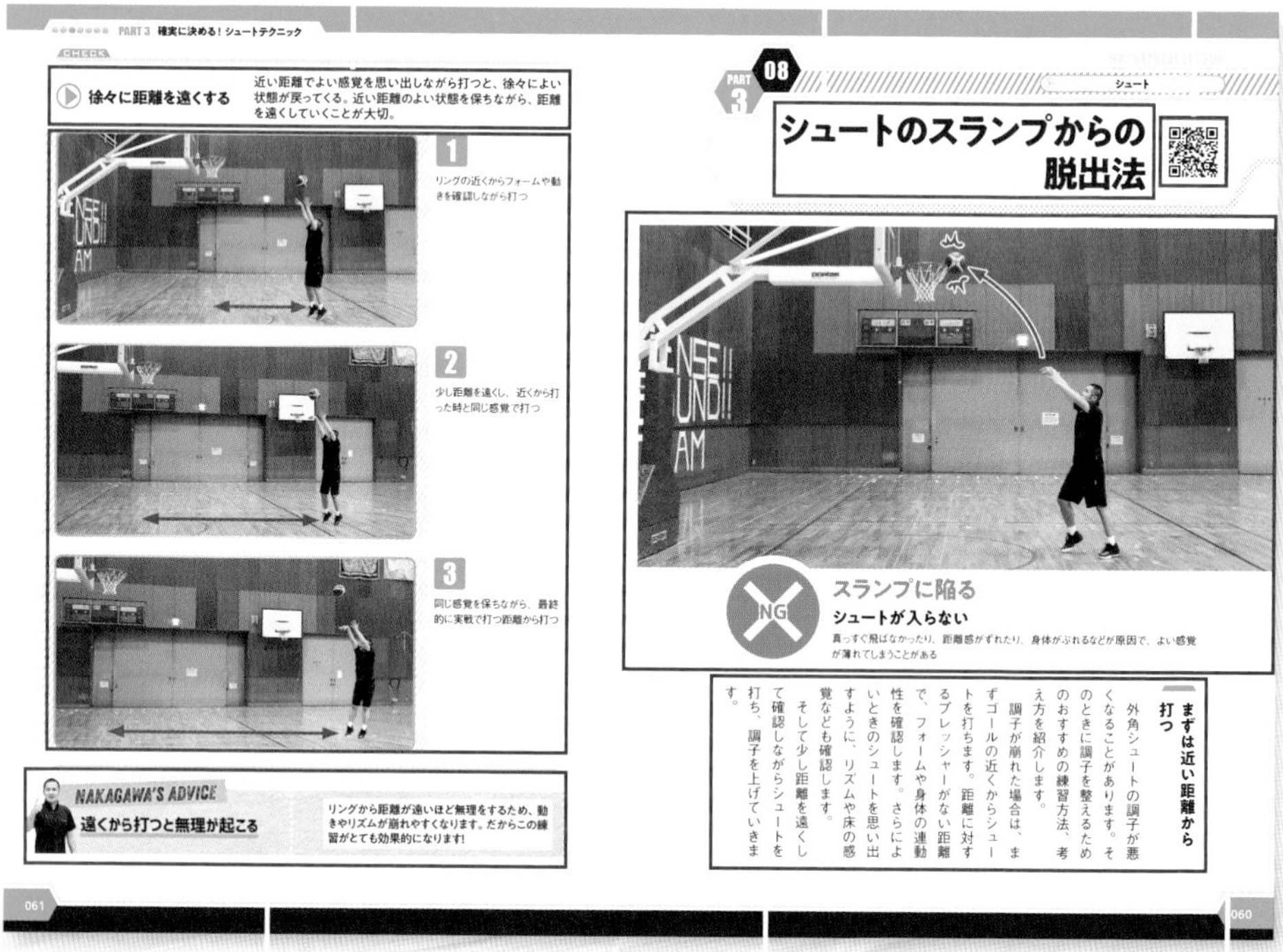

BASKETBALL LESSON

動画の見方

INTRODUCTION2

STEP1
カメラを起動

スマートフォンやタブレットのカメラを起動します。または、バーコードリーダー機能のアプリを立ち上げます。

STEP2
QRコードを読み取るモードにする

「読み取りカメラ」など、QRコードを読み取れるモードにします。機種によっては自動で読み取りモードになるものもあります。

STEP3
QRコードを写す、かざす

画面にQRコードが表示されるように合わせます。その状態で少し待ちましょう。

STEP4
表示されたURLをタップ

動画のアドレスが表示されたらタップします。すると動画がはじまります。

注意点
CAUTION

①動画を観るときは別途通信料がかかります。Wi-Fi環境下で動画を観ることをおすすめします。

②機種ごとの操作方法や設定に関してのご質問には対応しかねます。ご了承ください。

③動画の著作権は中川直之に属します。個人ではご利用いただけますが、再配布や販売、営利目的の利用はお断りします。

BASKETBALL LESSON

もくじ

CONTENTS

すぐに試合で使える！ 点が取れる！

魔法のバスケレッスン

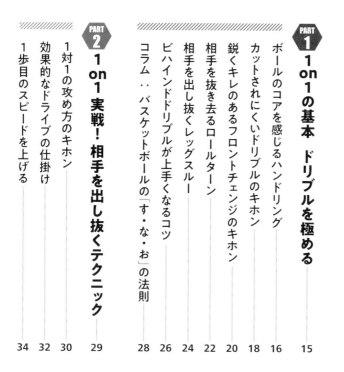

PART 1

BASKET BALL LESSON

DRIBBLE

1on1の基本
ドリブルを極める

ボールのコアを感じるハンドリング

POINT 1

常にコアを扱う感覚を持つ

どのようなときも、ボールの中心を意識する

POINT 2

コアを扱えるとボールが安定する

ボールの中心を意識することで正確なプレーが増えたり、不用意なミスが減る

常にボールのコアを扱う

バスケットボールでは、「ボールを扱うこと」が非常に大事ですし、基本になります。そのため、まずはちゃんとボールを扱えるようになりましょう。

ボールの中心をコア（核）といいますが、コアをしっかりと感じて、常にボールの中心を扱うようにします。コアを扱えるとボールは安定しますが、コアを扱う感覚がないとボールがぐらつき、ファンブルやシュートの軌道がブレてしまいます。

まずはコアを扱う感覚を養っていきましょう。

CHECK

ボールをねじ込んでから上に上げる

ボールのコアを扱うことで、安定して動かせる。手首の柔らかさやボールに合わせて手首を動かす感覚も養える。

ボールのコアを扱えると、どんなに動かしてもボールがこぼれない

ボールを自分の内側に引き込んでねじり、上に持っていく

手のひらと手の甲でボールを弾く

手のひらと手の甲に、交互にボールを乗せて弾く。この動きをすることでボールのコアがどこにあるのかを感じることができる。

手の甲に乗せるときは、手の甲を反らせて「お皿」を作る感じにする

ボールが手に触れる瞬間に腕を引くようにすると収まりがよくなる

ボールを高く上げながら足をタッチ

ボールを一番高いところでキープし、つま先やかかとを触る。肩の柔軟性や臀部などを使うため、ドライブの初動にもつながる。

ボールを手の腹ではなく指先で持つようにして、一番高いところにキープしながらつま先やかかとを触る

肩幅くらいに足を開いてボールの中心を持ち、高く上げる

NAKAGAWA'S ADVICE

シュート前には手のひら＆手の甲

シュートの前にコアを感じる練習を行うことで、安定した状態でシュートが打て、ボールの軌道が安定するよ!

カットされにくいドリブルのキホン

NG

こんなドリブルしてませんか？

全身を使ってボールをつく

一生懸命につこうとして、全身が動いてしまう

安定する部分と動かす部分をうまく使う

ドリブルがうまくできない場合にありがちなのが、一生懸命につこうとして全身でボールをついてしまうことです。バスケットボールでは、動かす部分と安定させる部分の両方を使うことが大切。ドリブルが上手な人は、上半身や体幹を安定させながら、肩や腕から下を使ってドリブルをしています。それから自分よりも大きい選手と対峙したときは、スタンスを広くして、体の遠いところでつくことで、ボールをカットされにくいドリブルができます。

CHECK

腕から下でボールをつく

腕から下でボールの動きを感じることで、相手を出し抜くようなドリブルができるようになる。

メリハリをつけて
体を使おう！

安定させながら肩や腕から下でボールをつく

上半身や体幹を安定させる

相手から遠いところにボールを置く

体の真正面でつくとカットされやすい。ディフェンスとボールの間に体を入れて、ボールを守りながらつく。

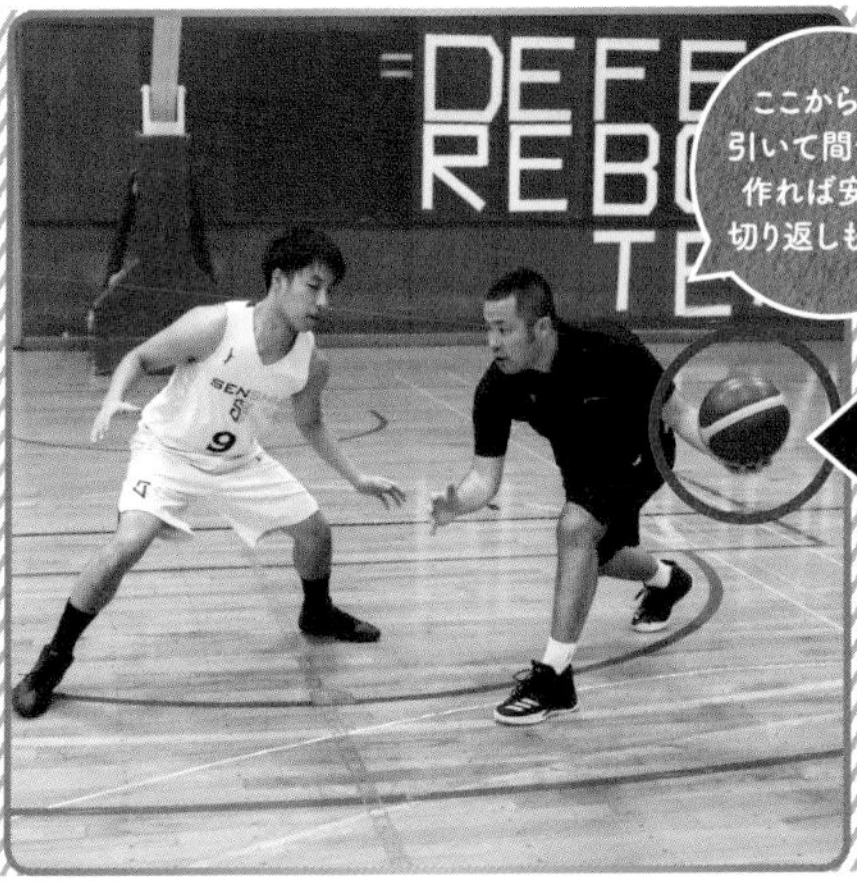
ここから脚を
引いて間合いを
作れば安全に
切り返しもできる

スタンスを広くして、カットされにくいところでつく

ディフェンスとボールの間に自分の体を入れる

NAKAGAWA'S ADVICE

お腹を固めて安定させる

とくにお腹周りが安定していないと、横からのぶつかりに弱くなってしまう。横からのぶつかりにも耐えられるようにしっかりとお腹周りをロックしよう！

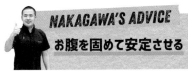

鋭くキレのある フロントチェンジのキホン

NG

こんなフロントチェンジしてませんか？

腰が高い

横にボールを動かしにくい姿勢になっている

ワキが開いてしまう

フライパンを返すような動きになってしまう

ボールを横で受け止める

ドリブルというと真下にボールをつく動きになりがちですが、フロントチェンジでは、ボールを左右、つまり横に動かします。ですから横にボールを動かせるような姿勢を作りましょう。

そのためのポイントは、「腰が入っていること」と「ワキを締めていること」です。このポイントを踏まえて手を横に置き、ボールのコアを捉えるようにします。

まずはボールを横で受け止めることからはじめて、少しずつつき方を強くしていきましょう。

CHECK

ワキを締めて横にボールを動かす

フロントチェンジの基本は、ボールを横に流して受け止めること。ボールに対して、正対する位置に手を合わせる。

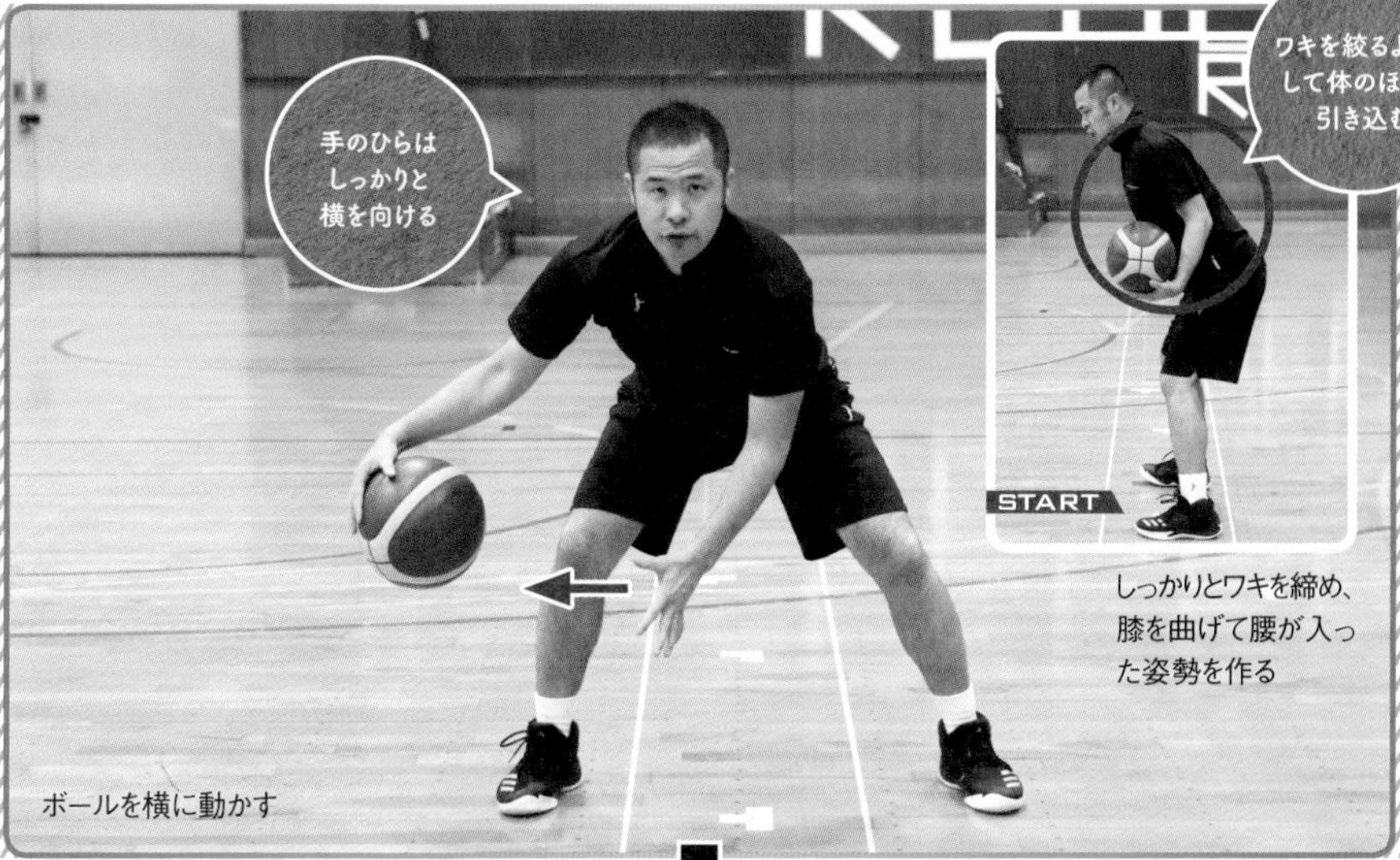
手のひらは
しっかりと
横を向ける
ワキを絞るように
して体のほうへ
引き込む
START

しっかりとワキを締め、膝を曲げて腰が入った姿勢を作る

ボールを横に動かす

ボールの中心を捉えながらつく

NAKAGAWA'S ADVICE

ボールをうまく捉える

ここで紹介したフロントチェンジができるようになれば、目の前にディフェンスがいても、鋭く相手をかわしていける！

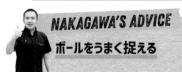

相手を抜き去るロールターン

なぜロールターンで相手をかわせないのか？

NG

相手との間合いが遠い

いくら動きがスムーズでも、相手との距離が離れていると意味がない

ずっと背中を向けている

ボールを守ることに意識がいくと、相手に背中を向けた状態が長くなってしまい、状況判断ができない

オフハンド、首、間合いが大切

ドリブルムーブの1つであるロールターン。ディフェンスという障害物をかわすための有効な動きになります。

大切なポイントは、ボールをついていない手（オフハンド）で、しっかりと相手を押さえることです。それから体よりも先行して素早く首を回すこと。一瞬死角ができますが、素早い動きで前方に視野が持てるようになります。

ロールターンは「相手に近づくほど効果を発揮する」動きということを覚えておいてください。

CHECK

一瞬でディフェンスをかわしてシュート

オフハンドと首、間合いを意識して1対1を仕掛け、ディフェンスがコースに入ってきたらロールターンでかわす。

1

相手に近づき、オフハンドでしっかりと押さえる

2
素早く前方を見ることで、状況をうまくとらえることができる

首を先行させて素早く回す

3

素早くターンをして相手をかわす

NAKAGAWA'S ADVICE
使いどころを覚える

ロールターンは動きだけでなく、使いどころが大事。できるだけディフェンスに近づいて一気に決めよう！

PART 1 05

ドリブル

相手を出し抜くレッグスルー

NG

なぜレッグスルーで相手をかわせないのか？

ボールを後ろに下げるだけ

攻める姿勢が見えないフェイントは、ディフェンスにとってあまり怖くない

前に攻める姿勢を見せる

脚の間にボールを通して相手を出し抜くレッグスルーですが、体が後ろに下がるような動きでは、相手にとって脅威にはなりません。ディフェンスをかわして前に攻める動きがあってはじめて、脅威を与えることができます。

そのためのポイントは、片脚を前に出した後にボールを前に持ってくることです。そして相手に脅威を与えるレッグスルーとは相手に対して「シュートを狙っているぞ」「ドリブルで仕掛けるぞ」などのように、アタックを表現することです。

CHECK

攻めを表現する

「レッグスルーで切り返してアタック」というオフェンシブなムーブが大切になる。

1

ボールを脚の間に通す

2
ボールを前に持ってくることで、相手に攻めてくると思わせる

通した後、ボールを前に持ってくる

3

上体を前に運ぶ

NAKAGAWA'S ADVICE

数をこなすよりも質の向上が大事

レッグスルーの練習では、 回数を繰り返すというよりは、 一つひとつの動きをしっかりブラッシュアップすることを大事にしよう!

ビハインドドリブルが上手くなるコツ

NG

なぜビハインドドリブルができないのか

ボールに体の動きを合わせてしまう

ボールを見ようとしすぎると、ぎこちない動きになってしまう

体が反っている

体が反るとドリブルの基本である「動かす部分」をスムーズに動かせなくなってしまう

肩を引いてボールをつく空間を作る

背中側にボールを通すビハインドドリブルですが、スムーズにできない選手が多いように思います。確かに見えないところにボールをつくため、動きがぎこちなくなりやすいでしょう。

けれども基本的にはフロントドリブルを背中側でやるだけです。そのためのコツはリラックスした状態で立ち、肩を後ろに少し引くだけ。肩を引けば背中側に腕を動かすための空間ができます。体をボールに合わせたり力んだりせずにやってみましょう。

CHECK

なによりもリラックス

スムーズな動きをするためには、リラックスした状態でボールをつくこと。フロントでやっているドリブルを後ろにするだけくらいの気持ちでやってみよう。

リラックスした状態で立つ

肩を少し後ろに引いて腕を動かす空間を作る

ボールを見すぎず、手の感覚でボールの位置を捉えよう

リラックスした状態でドリブルをする

NAKAGAWA'S ADVICE

お尻の下の空間を使う

普段のプレーでやっているバスケットスタンスをキープし、ボールがお尻の下の空間を通るようについてみよう！

コラム

COLUMN

バスケットボールの「す・な・お」の法則

これは、69年ぶりのインターハイ出場を決めた、ある女子バスケットボール部のお話です。彼女たちが勝負どころで自分たちに強く言い聞かせていた言葉が「す・な・お」です。

「す」はすねない、「な」は（相手を）なめない、「お」はおそれない、を意味します。

「す」なおですが、バスケットボールでは大切な試合であるほど、勝ちたいという気持ちが強くなりすぎて、ジャッジや他のことに怒りの感情を持ってしまうことがあります。怒りの感情を持ってしまうと自分たちのプレーに集中ができませんから、彼女たちはこの言葉で怒りの感情をコントロールしていました。

「な」めないは、最後まで気を抜かないための言葉です。バスケットボールは一瞬で流れが変わるので、最後の終了のホイッスルが鳴るまで油断してはダメということですね。

「お」それないですが、人間は今まで踏み込んだことがない場面で、恐れの感情が出てくることがあります。不思議なことですが、「自分たちが勝ってしまっていいの？」などと思ってしまい、勝負どころで逃げ腰になってしまうことがあるのです。伝統校であれば、守りに入らずに勝ちきる方法を知っていますが、大舞台を経験したことがないチームは自分たちに言い聞かせるしかありません。そのときにこの気持ちをもって、見事に試合に勝ちきったのです。

BASKET BALL LESSON

PART 2

1ON1

1on1 実戦!
相手を出し抜くテクニック

1対1の攻め方のキホン

どちらが守りにくいでしょうか？

この2枚のうち、私が守りにくかったのはどちらでしょうか？

下を向きながら攻めてくる

いきなりシュートを狙ってくる

ディフェンスの視点から考える

この文章を読む前に、上の2枚の写真を見てください。どちらも私がディフェンスについているのですが、どちらが守りにくいと思いますか？　まずは考えてみましょう。

2枚の違いがどこかというと、ボールを持った時の顔の向きになります。右は顔が下を向いていますが、左は顔が上を向いています。つまり、右は「ドリブルをついてくるな」と予想ができますが、左はどう攻めてくるか読めないのです。そのため、左のほうが守りにくいのです。

CHECK

下を向くと攻撃が読めてしまう

顔が下がっていると、「ドリブルをついてくるな」と動きを想定できる。そのため、対処する準備ができる。

そのため、ドリブルをしてくることがわかる

顔が下がっていると周りの状況がわからない

シュートの動きから主導権を握られる

彼のシュート動作に対処しようとして腰が浮いてしまい、完全に主導権を握られてしまった。

相手に主導権を握られてしまった

シュートを防ごうとして対応が後手に回る

NAKAGAWA'S ADVICE

ボールを持ったらシュートの構え

ボールを持ったらまずシュートを構えることがとても大切。 いきなりパスをするのではなく、 フェイクでもよいのでまずはシュートということを、 常に意識しよう!

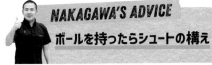

効果的なドライブの仕掛け

NG

相手をうまく出し抜けない…

一定のリズムや動きのスピードが同じだと、相手も守りやすい

動きに緩急をつける

1対1でありがちなプレーは、ディフェンスにしっかりとマークされてしまい、攻め手を欠いてしまって出し抜けないことです。

こんなときに意識したいことは動きの変化です。一定のリズムでボールをついたり、同じスピードで動くのではなく、緩急をつけましょう。例えばゆっくり動いてから一気にスピードを上げたり、パッと止まってから素早く動くなどです。簡単なドリブルでもこのような変化をつけるだけで、相手を出し抜けるようになります。

CHECK

緩急の代表的なパターン

できるだけ緩急の差を大きくすることで、相手を出し抜ける。

ゆっくりとドリブルをする

一気に加速して
方向を変える

鋭いドリブルで
抜き去る

NAKAGAWA'S ADVICE

リラックスした状態から一気に加速

緩急の差が大きいほどディフェンスは守りにくくなるもの。 ゆっくりとつくときはリラックスしておき、 そこから一気に加速してみよう!

1歩目のスピードを上げる

NG 1歩目に力んでいませんか?

力強く一歩目を踏み出そうとすると、それが力みになって結果的にスピードが上がらない

ストンと力を抜く

32ページでも紹介したように、スピードに変化をつけることは非常に効果的です。そしてスピードの変化をより大きくするためには、1歩目がとても大切になります。

1歩目で大きな初速を生み出すためには、力むのではなく、力を抜いてから一気に加速すること。体がすっと沈むようなイメージです。「できるだけ速く」と考えると力みやすいのですが、それが実は逆効果になります。ストンと体を急降下させるような感覚をつかんでみましょう。

CHECK

相手が動きを読みづらい

力を抜いて沈み込むことで、相手のヒザ元をついていくような鋭いアタックができる。

力まずに準備をする

2

ストンと力を抜く

3
一気に沈み込む
沈み込んだ姿勢のままアタック

沈み込んだ勢いを利用して初速を上げ、ヒザ元をつくようにアタックを仕掛ける

NAKAGAWA'S ADVICE

1対1のスタート時に有効

相手に動きを読まれてしまう場合にはとても有効な動き。 ぜひとも練習やゲームで試してみよう!

パスと見せかけてドライブで抜く

POINT

ヨーヨーを引き込むように手首を返さずに引き込む

ヨーヨーを引くときのように、手首を返さずにボールを引き込む

手首を返すとダブルドリブルを取られてしまう

手首を返さず長くボールを引き込む

こちらがいろいろな選択肢を見せるほど、ディフェンスは守りづらくなります。そのスキルの1つがパスと見せかけてドリブルでアタックしていく動きです。

ポイントになるのはドリブルのつき方。手首を返さずにボールを手前に引き込むようにします。手首を返してしまうとダブルドリブルになるので注意しましょう。動きのイメージとしては、ヨーヨーを引き込むような感じです。ボールを受けたときに、この動きでパスと見せてドリブルを仕掛けます。

▶ プッシュパスと同じ モーションでドリブル

まずは手首を返さないドリブルのスキルを磨く。それができたら プッシュパスを入れ、同じモーションからドリブルに切り替える。

ときどきプッシュパスを入れる

ドリブル＆プッシュパス

右脚を前に出してボールを引き込む動きを練習する

味方を見るなど 目線の駆け引きも 有効

すばやく切り返す

ドリブル

プッシュパスと同じモーションでドリブルに移る

NAKAGAWA'S ADVICE
手首を少し返すくらいはOK

少しだけ手首が返るくらいなら、ダブルドリブルは取られない。手首を返しすぎない程度に使って、上手に駆け引きしていきましょう!

ドリブルをワンランクアップさせる練習法

POINT 1

状況でつき方を変える

いつも強くつく必要はない。状況に応じてボールのつき方やリズムを変える

POINT 2

手と脚のリズムを変える

手はゆっくり、脚は素早くのように、リズムを変えることでディフェンスは守りづらくなる

対人プレーに必要な駆け引きに使える

この動きはインサイドアウトなど、対人プレー時の駆け引きなどに入ってきます。とくにボールを少しずらしたところでついたり（シフト）、ボールを長くキープする動きが強化されます。普段のドリブルは真下に向かってボールをつきますが、このようにシフトする動きは、特に小学生から中学生までの育成カテゴリーに、ぜひトライしてもらいたい動きになります。

スムーズにできるようになったら、普段のドリブルにも取り入れてみましょう。

CHECK

脚を小刻みに動かすハーキーステップ

素早いステップのことをハーキーステップと呼ぶ。このステップをしっかりと刻めるように練習し、ドリブルに活かそう。

ゆっくりと手を動かしてドリブルをする

脚はハーキーステップで小刻みに動かす

そのままディフェンスに近づく

クイックなドリブルを入れて抜き去る

NAKAGAWA'S ADVICE

並行動作は相手の予測を不能にする

手はゆっくり、 脚は素早くのような並行動作ができると、 相手に予測をさせないメリットがあるよ。 うまく使って駆け引きに活かそう!

シュートを簡単に打つためのドリブルテクニック

NG ただ脚を前に出すだけでは重心をずらせない

ドリブルをついているほうの脚を前に出しても、前に攻める圧をかけられない

相手の重心をずらして仕掛ける

ディフェンスに対して、攻めるフリを見せて相手を後退させ、のけぞらせてジャンプシュートを決めていく複合的な1対1のムーブです。

ディフェンスはだいたい腕一本分の距離（ワンアーム）でプレッシャーをかけてきます。ここで意識したいことは、相手の重心をしっかりと動かすこと。重心をずらすことで後退したらシュートを狙えますし、詰めてきたらドリブルで仕掛けられます。肝となるのは、攻める圧を見せることと脚さばきになります。

CHECK

ディフェンスの対応でムーブを変える

脚さばきを使ってディフェンスの重心をずらす。相手が後退したらシュートを狙い、詰めてきたらドリブルでアタックする。

右脚を後ろに引いて左脚を前に飛び出させる（ロードステップ）動きで、フラットから圧をかける状態に素早く移る。相手が後退したらシュートを狙う

シュートの動きに相手が詰めてきたら、かわしてドリブルでアタックを仕掛ける

NAKAGAWA'S ADVICE
目線もうまく使う

上の右下の写真の私の目線を見てください。これで相手は「シュートを打つな」と思うはず。このように目線だけでも相手を欺くことができる!

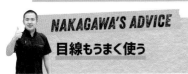

ダブルチームを突破するためのドリブルテクニック

NG ダブルチームに引っかかってしまう

ありがちなのは、プレッシャーに動揺してしまい、パスができずにバイオレーションを取られること。こういった相手の罠にはまってしまうことがよくある

時間を稼いで味方にパス

ディフェンス側がフロントコートに入ったときに、ダブルチームを狙ってくることがあります。ここで、このトラップディフェンス（ダブルチーム）に引っかからずに少し時間を稼ぎ、オープンな味方にパスをするスキルを紹介します。

そのスキルとは、ダブルチームに来ようとしているディフェンスの前でパスをするフリをすること。目線や動きをピタッと止めることがポイントで、そこで相手が混乱を起こした隙に、味方にパスを出します。

CHECK

ピンチをチャンスに変える

パスをすると見せかけてそうではない動き（ヘジテーション）をすることで、オープンの味方にボールを渡してチャンスメイクをする。

パスのフリで相手に隙ができたところで、オープンの味方にバスを出す

パスをするほうを見ながら一瞬で動きを止めることで、相手に「パスか?」と思わせる

NAKAGAWA'S ADVICE

知っているだけでゲームの展開を変えられる

ちょっとした時間を稼ぐことで、ピンチがチャンスになることがあります。このテクニックもその1つ。ぜひ実戦でも、ピンチのときに使ってみよう!

コラム

COLUMN

失敗や挫折は財産になる

どんなに辛いことがあっても、必ず「あの日があったから」と力強く振り返られる日が来ます。起こったその瞬間は辛いですが、必ずポジティブに振り返られる日が来るのです。私もこれまでいろいろな挫折をしてきました。例えば「ヒザの前十字じん帯を断裂」「じん帯断裂でプロへの道を閉ざされる」「双子の弟と比べられ、下手だとバカにされる」「生まれつき身体がひ弱でなかなか3Pが届かない」「試合に緊張しすぎてガチガチになる」「初のクリニック参加者が0人で、周囲からバカにされる」などがあります。けれどもこれらすべてが今の私を形成している養分になりました。前十字じん帯の断裂→大好きなバスケットへの想いを再認識できた。プロの道を閉ざされる→実業団へ行ったことで、今のバスケ観が形成される。双子の弟と比べられバカにされる→誰よりも痛みのわかる指導者になれた。生まれつきひ弱で3Pが届かない→同じ状況の子たちに丁寧に技術指導ができる。試合に緊張しすぎてガチガチ→同じ状況の子たちにスキルとメンタルの両面からケアができる。初のクリニック参加者が0人で、バカにされる→バスケコーチを志す人達に、全力でリアルな指導ができる。「失敗や挫折があったから今がある」。私は、一点の曇りもなくこう言いきれます。だから今が辛かったとしても、負けないでください！辛い経験をしたからこそ、人として強くなれますし、同じような境遇の人の痛みがわかる人間になれます。それは価値のある経験だと思います。

BASKET BALL LESSON

PART 3

SHOOT

確実に決める!
シュートテクニック

確実に決めるレイアップのコツ

NG 片脚ジャンプは難しい!?

片脚で踏み切るとボールや体が流れやすい。とくに踏み切るときにスピードを十分に止められなかったり、気持ちが焦っている状況ではこの傾向が強くなる

ボールの勢いを減らす

せっかく1対1を突破できても、シュートで力んでしまってはなかなかスコアに結びつきません。確かにシュートで気持ちがはやったり、「チャンスを活かしたい」と思う気持ちはわかります。ですが、だからこそ慌てないことが大切です。

コツはジャンプです。片脚でジャンプするレイアップは、勢いに負けてボールが流れることがあります。そこを両脚でジャンプをすれば確実に勢いを減らせますし、シュートの成功率も上げられます。

CHECK

しっかりと踏み込む

しっかりとブロックをしてスティールされないようにする。またジャンプする前に、しっかりと踏み込んで勢いを減らす。そのためには両脚でジャンプをする動きが有効になる。

この時のドリブルは
1回で充分！
なるべくムダな
ドリブルはしない

しっかりと相手を
ブロックする

1

踏み込んだ時に勢いを減らす

できれば両脚で踏み切り、上に跳んでシュートをする

NAKAGAWA'S ADVICE

骨盤をたたんで勢いをストップ

跳ぶ前のストップでヒザが抜けると、 体が流れやすくなります。 骨盤をたたむようなイメージで、 しっかりとヒザのクッションを使おう！

ブロックされにくい ワンハンドレイアップ

ロールレイアップのポイント

POINT 1 ボールの高さを下げずにフィニッシュする

POINT 2 フィニッシュまでディフェンスから遠いところでボールを動かす

ボールの高さは肩よりも上

ディフェンスにカットされにくい、レイアップシュートの打ち方の上級編です。ポイントはフィンガーロールを使って高い打点で打ちきること。フィンガーロールを使うことで、ディフェンス側にボールが一切動かず、ディフェンスの遠くでフィニッシュができます。

コツはボールを肩よりも上に置き、ボールを下げないようにレイアップに持っていきます。ただし片手でボールを扱うことは難しいため、それを克服するドリルを紹介します。

CHECK

片手でボールのコアを捉える

片手でボールを扱うと、動きの衝撃や振動でボールを落としたり、コアからずれたりする。ここでは、動きながらでも安定してボールを持てるようになるドリルを紹介する。

試合を想定して激しくステップをしてみよう。
ドリル1 片手で持ってステップ

ボールのコアを捉え続ける感覚をつかむ

肩よりも上でボールを持ち、小刻みにステップをする

このドリルができたら、実際にシュートを打つまでの流れを練習しよう
ドリル2 ステップからジャンプ

空中でも安定してボールを扱う

ドリル1のステップにジャンプを加える。ステップから踏み切る

NAKAGAWA'S ADVICE
けん玉を支えるようなイメージ

下からけん玉のボールを落とさないようなイメージを持とう。そのイメージでボールを手のひらから落とさないようにする。慣れてきたら左手でもやってみよう！

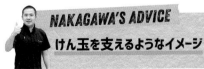

ゴール下の正しい打ち方

最高到達点で打てない!

身体が流れてしまう

充分にスピードを減らせないとジャンプをしたときに身体が流れてしまう

ヒザが抜けてしまう

ヒザが抜けると十分にスピードを減らせない

お尻と骨盤をクッションにする

ゴール下の選手にインサイドの合わせをしたとき、微妙に身体が流れてしまって決めきれないことがあります。試合の流れのなかで焦る気持ちはわかりますが、まずはしっかりと止まり、高い打点で打つことを心がけたいものです。

　ポイントは骨盤とお尻の筋肉です。この部位を使ってクッションのように床からの力を受け止め、ジャンプの推進力につなげます。骨盤をたたむようにして、ピタッと止まってからシュートを打ってみましょう。

CHECK

ストップをジャンプの推進力につなげる

ゴール下でも充分にスピードを減らしてストップし、確実に上へのジャンプにつなげることが大切になる。

骨盤をたたんで衝撃を吸収する

吸収してから真上にジャンプするように力を使う

高くジャンプをして最高到達点で丁寧にシュートを打つ

NAKAGAWA'S ADVICE

力強く跳ぶためのストップ

ストップで力強く跳べるようになると体が流れなくなり、 しゃきっとしたシュートが打てるようになる!

カットやブロックを防ぐ レイアップのキホン

NG レイアップ前にスイングしてしまう

勢いが欲しくて腕を振る

ボールを振ってしまうとディフェンスとボールの距離が近くなり、カットされやすくなる

ボールをスイングせずに打つ

レイアップを打つときに、ボールを左側にスイングし、勢いをつけて打つ選手がいます。ノーマークのときはこれでもOKですが、ディフェンスと競り合う状況だとカットされやすくなります。

　ゴールにボールを届けるための力が欲しくて、スイングしてしまう気持ちもわかりますが、ディフェンスがいるときは肩でブロックをし、ディフェンスが触れないところでボールを扱いましょう。ここではその動きをつかんでもらうためのドリルを紹介します。

CHECK

ボールを上げたまま打つ

ボールを振る動きを抑えてオーバーハンドでシュートを打つ。この練習でボールを下げないことを身につける。

ボールをブロックした状態から下げずにスタート

そのままゴールに向かう

ボールを下げずにジャンプをする

シュートを打つ

NAKAGAWA'S ADVICE

感覚がつかめたらディフェンスをつける

スイングせずにシュートが打てるようになったら、ディフェンスをつけて、ディフェンスを肩で抑えながら打ってみよう！

シュートの飛距離を伸ばすコツ

NG

こんな悩みがありませんか?

シュートがうまくいかない

ボールがリングに届かなかったり、軌道がそれてしまう

シュートの飛距離を伸ばす

シュートに関する様々な質問をされるのですが、その解決になる1つの考え方が「シュートはリズムが大切だ」ということです。

意識したい動きは、ボールを一度下に下げてからよいリズムで上に上げていくボールディップです。ボールを下げて上げることでリズムを作り、ボールを飛ばす推進力に変える動作になります。シュートがうまくいかない選手は、この動きができていないことが多いため、ボールディップの動きを意識してみましょう。

CHECK

骨盤をたたんで後ろ側に力をためる

ボールディップをするときに意識したいのは、骨盤をしっかりとたたみ、お尻や太ももの後ろに力をぐっとためること。そしてためた力をスッと上に伝えていく。

骨盤をたたんでお尻や太ももの後ろに力をためる

ためた力をスッと上に伝えていく

ボールディップの動きで力をためる

うまく上に力を伝えられるとシュートの飛距離を伸ばせる

NAKAGAWA'S ADVICE
リズムはとても大切

うまくできないときはテクニックばかりに目がいきがちです。 けれども、 意外とリズムがポイントになることがあります!

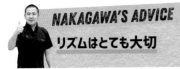

フェイントから スリーポイントを打つコツ

相手の背中側にフェイク

POINT

クローズアウトしてきた相手の背中側にフェイクを仕掛ける

マークをかわして打つテクニック

ディフェンスがシュートチェック（クローズアウト）に来た時に、フェイントからシュートを狙う動きを紹介します。味方がよい形でボールを回して攻めている状況で、自分にパスが来て慌ててマークマンがチェックにきたときなどに使えるフェイントです。

　まずボールが回ってきたらシュートを構えます。それに対してディフェンスが寄せてきたら背中側にフェイク、さらに元の位置に戻ってシュートを打ち直すという流れになります。

CHECK

フェイクから戻る

慌てている相手の背中側にフェイクを仕掛けることで、相手はそのフェイクに対応しようとする。その動きに対して再度体勢を整えて、スリーポイントを狙う。

このくらいの間合いで有効になる

背中側にフェイクを仕掛ける

元の位置に戻る

落ち着いてスリーポイントを狙う

NAKAGAWA'S ADVICE

相手を動かすことで余裕が持てる

フロアの状況やディフェンスの動きを把握できると、 余裕をもってプレーすることができ、 よいプレーにつながりやすくなる!

身長差があってもシュートブロックされない考え方

なぜシュートをブロックされるのか?

リングとディフェンスが一直線上にいる

リングに対してこのような位置にディフェンスがいると、シュートを打てない

身長のギャップがある

身長差があるディフェンスとの間合いが近いとシュートを打つスキがない

マークをかわして打つテクニック

シュートブロックされてしまう原因には、上の2つのようなシチュエーションがあります。このような状況ではどうすればよいでしょうか？ディフェンスとの身長差がある場合は、相手が壁のように大きく感じてしまいます。その場合にはちょっと下がることで、間合いを確保しましょう。

またリングと自分の一直線上にディフェンスがいる場合は、少し横にずらすだけでシュートが打てます。

この2つを意識すると、シュートチャンスはぐんと増えます。

CHECK

間合いを確保する

自分に対してどのくらいリーチがあり、どのくらいの距離があれば打てるかを常にイメージし、相手と駆け引きをしながら間合いを確保する。

少し下がることで間合いが生まれ、シュートが打てる

距離が近いと打つ隙がない

横にずれる

フロントチェンジや横に揺さぶるドリブルで、横にずれること。そうすることでシュートを打つ角度が作れる。

自分がずれることでシュートが打てる角度を作れる

ドリブルなどで横にずれる

NAKAGAWA'S ADVICE

2つを意識しながら調整する

間合いを確保することと、シュートを打つ角度を作ること。この2つを調節することで、シュートを打てるチャンスが広がるはず！

シュートのスランプからの脱出法

スランプに陥る
シュートが入らない

真っすぐ飛ばなかったり、距離感がずれたり、身体がぶれるなどが原因で、よい感覚が薄れてしまうことがある

まずは近い距離から打つ

外角シュートの調子が悪くなることがあります。そのときに調子を整えるためのおすすめの練習方法、考え方を紹介します。

調子が崩れた場合は、まずゴールの近くからシュートを打ちます。距離に対するプレッシャーがない距離で、フォームや身体の連動性を確認します。さらによいときのシュートを思い出すように、リズムや床の感覚なども確認します。

そして少し距離を遠くして確認しながらシュートを打ち、調子を上げていきます。

CHECK

徐々に距離を遠くする

近い距離でよい感覚を思い出しながら打つと、徐々によい状態が戻ってくる。近い距離のよい状態を保ちながら、距離を遠くしていくことが大切。

1

リングの近くからフォームや動きを確認しながら打つ

2

少し距離を遠くし、近くから打った時と同じ感覚で打つ

3

同じ感覚を保ちながら、最終的に実戦で打つ距離から打つ

NAKAGAWA'S ADVICE

遠くから打つと無理が起こる

リングから距離が遠いほど無理をするため、動きやリズムが崩れやすくなります。だからこの練習がとても効果的になります！

ジャンプシュートの確率を上げるおススメドリル

シュートは準備！

POINT 1

よい準備をする

集中してよいイメージを持った状態でボールを受ける。これがよい準備になる

POINT 2

リズムの流れに乗る

よいリズムを自分に組み込めば、シュート動作を繰り返すだけになる

10本連続でシュートを決める

　このドリルは、私が中学生の頃からやっているもので、ミドルシュートを連続で10本決めます。パートナーに手伝ってもらうのですが、コツは入ったときのシュートの感覚をしっかりと身体に刻んでおくことと、パートナーが出してくれるボールに対して準備をしておくことです。

　集中力を持ってよい準備ができればよいリズムができるので、あとはそのリズムに乗って打っていきます。できるだけ試合の緊張する場面をイメージして打ちましょう。

CHECK

シュートはなにより準備が大切！

よい準備をしてシュートを打つことで、試合の大事な場面でも同じように打てるようになる。慣れてきたら、試合のあらゆるシーンを想定しながら打っていく。

1

集中力を高めて準備をし、シュートを打つ

2

よい感覚を保ちながら、リズムに乗って打っていく

3

10本連続で決まるまで繰り返す

NAKAGAWA'S ADVICE

集中、よい状態、よい準備

10本達成するまで終えないというノルマを課してやっていた練習です。集中とよい状態、よい準備ができれば、緊張する試合中でも跳ね飛ばすことができます!

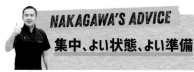

コラム

COLUMN

「できないこと」や「問題」はない！

私はよく、「優しい指導の仕方をしますね」と言っていただきます。そうは言っても決して手放しで褒めちぎるようなことはしていません。時には褒めること以外の指導をすることだってあります。そんな私のコーチングへの考え方を少しお話させていただきます。

私が根本的に考えているのは、「できない（問題）」というものは存在しないということです。物事はすべて「今できていること」と「これからチャレンジすること」に分けられると考えています。つまり「問題」ではなく「課題」しかないのです。

そのために私はベネフィット（選手の明るい未来）＝「何のためにそれをやるか」「何を得られるか」を伝えるようにします。選手たちが練習の目的に納得していれば、高いモチベーションで取り組むことができます。そしてその先の未来がどのように変化していくのかを思い描けます。

さらに選手のモチベーションを上げるために、「やってみよう」と思えるような「興味性」や「明るい未来」を適宜伝えています。

「これができるようになったらめちゃくちゃ点が取れるようになるよ！」などの声を掛けることで、選手たちは自分たちの内側からエンジンが沸き起こり、それが活きた練習につながっていきます。

PART 4

BASKET BALL LESSON

POST PLAY

ポストプレーで点を取る

ポストプレーのキホン

こんなポストプレーをしてませんか?

NG

相手が手厚く守っているほうにターンする

押し込むときに相手が手厚く守っているほうを確認していないため、取られやすいほうへターンしてしまう

手厚く守っているほうを探る

ポストアップの基本的な攻め方と考え方を紹介します。まずはポストアップしたときに、自分のお尻を使って相手をジリジリと押し込みます。さらにこのときに、ディフェンスがどの面を手厚く守っているのかを見ておきます。

そのうえでディフェンスがいないほうに足を入れ、ターンをしてシュートを狙います。ディフェンスが手厚く守っているほうにターンをするとボールを取られやすいため、事前に確認をすることがとても大切になります。

CHECK

相手から遠いところでボールを扱う

ディフェンスが手厚く守っているほうの確認と同じくらい大切なことは、相手から遠いところでボールを扱うこと。相手がチェックできない位置でボールを扱うように心がけたい。

ジリジリと相手をお尻で押し込み、位置などを確認する

DFがいないほうに足を入れる

そのままターンする

すると簡単にスコアができる

NAKAGAWA'S ADVICE
相手が真後ろにいるときは

ディフェンスが左右に寄らずに真後ろにいる場合は、自分の目の前（相手の頭の上）の空間を狙います。この空間を使ってシュートを打っていきましょう!

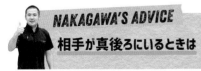

ハイポストからの攻め方

こんなプレーをしてませんか?

NG

背中を向けてプレーしている

ディフェンスに対して背中を向けているため、リング周辺の状況が把握できない。そのためプレーの選択肢が限られてしまう

リングを向いてプレーする

ハイポスト付近にボールを受けに来たインサイドのプレイヤーに意識してもらいたいことを紹介します。

ボールを受けたときに、「攻める」よりも「どうやってパスをつなごう」と考えてしまうことがあります。おそらく自分のプレーに自信が持てなかったり、弱気になってしまうことが理由だと思いますが、ボールをもらったら必ずリングに向かってプレーをしましょう。そうすれば味方や相手の状況が判断できますし、プレーの選択肢が増えます。

CHECK

横目でちらっと見ておく

パスをもらうときに、横目でちらっとディフェンスの位置を見て、自分との間合いを把握しておく。そこから軸足を動かさずに攻める姿勢を見せ、アタックにつなげる。

横目で状況を把握しておく

軸足を動かさず、リバースターンで攻める姿勢を見せる

例えばディフェンスが警戒して下がれば、積極的にシュートを狙っていく

NAKAGAWA'S ADVICE 自分の武器を磨く

上の写真のようにシュートを狙ったり、ドライブを仕掛けるなど、自分の持っている武器を使って、積極的なプレーをしていきましょう!

囲まれたときの考え方と対処法

こんなプレーをしてませんか？

NG

場当たり的なプレーをする

ヘルプがくることを想定せずにアタックを仕掛けると攻撃を阻まれ、ひどいときにはボールを取られてしまう。またパスを狙ってもカットされてしまう

相手の動きを想定してプレーする

4対4や5対5でボールを持ってアタックをしたときに気をつけるポイントを紹介します。このような状況では、やみくもにドライブを仕掛けてもヘルプにパスコースを阻まれます。

そのためまずはヘルプが来ることを想定してプレーをします。ヘルプが来たら味方がフリーになるので、その味方にボールをつなげることまで考えましょう。このときのパスですが、チェストパスだと相手の手に当たるため、上の空間を狙ってジャンプパスを出します。

CHECK

平面がダメなら立体

私が感覚的によくやっていたプレーは、平面上に相手がいれば立体的な角度を作ること。ジャンプしてパスはダメという考え方もあるが、合理的に考えるとそのほうが有効なことがある。

1

事前にディフェンスの動きを想定してプレーする

2

平面がダメでも立体的にはOK

3

瞬間的にジャンプをしてパスを出す

NAKAGAWA'S ADVICE

ピンチはチャンス！

密集した状況ではその後のプレーを想定し、 いいところを見つけてアタックします。 そしてジャンプしてフリーの味方にパスを出せば、 スリーポイントを狙っていけます!

ブロックされない ポストプレー

ブロックしづらいところでプレーする

POINT
半分だけターンする
相手から遠いところにボールを置いてプレーする

相手の遠いところでボールを扱う

ゴール下（ローポスト）での1対1で、相手のブロックをかわすときの考え方です。

よくあるのが身体を寄せてターンをし、シュートを打とうとする動きです。ところがサイズの差があったり、リーチで負けていると、シュートコースをふさがれてしまってシュートが打てません。

このようなときに有効な動きが、完全にターンをするのではなく、半分だけターンをすること。そうすれば相手から遠いところでボールを扱えます。

CHECK

フェードからシュート

半分だけターンをしてから少しフェードしてシュートを狙うと、相手がブロックしづらいところからボールをリリースできる。

1

半分だけターンをする

2

少しフェードしながらシュートへ

3

ブロックしづらいところで
リリースできる

NAKAGAWA'S ADVICE

ブロックに対抗できる動き

この動きはとても有効なため、これまでブロックされていた状況でも積極的に使っていきましょう。

ハイポストで相手をあざむく

相手を抜くキホン

POINT 1

両足を着いてボールをもらう

両足を着いてボールをもらうと、着地後に左右のどちらにもステップができる

POINT 2

背面の空間に落とすようにドリブル

背中側の空間にボールを落とすようにしてドリブルをする

相手に情報を渡さない

ハイポストのエリアのディフェンスに対して、狙っていきたいカウンタームーブを紹介します。

スポットに飛び出すとディフェンスも後ろからついてきます。この時に相手に背を向けていると、ディフェンスはこちらの情報を読み取れません。目線もリングと逆方向に向け、相手に「何を狙ってくるんだ？」という状況を演出するわけです。

そこからボールをもらいに行ったと見せかけて、ロールターンからシュートを打っていきます。

CHECK

相手の動きを感じる

相手と密着した背中から情報を受け取る。相手からのプレッシャーをいなしたり、逆に押しきったりしてドリブルに移行し、シュートを狙う。

両足が着いた状態でボールをもらう

相手の背中側にボールをつくようにロールターン

そのままゴール下に切り込む

このようにスコアにつながるプレーができる

NAKAGAWA'S ADVICE

スピードがなくてもできる

背中をセンサーにして相手の動きを感じると、 相手との呼吸で出し抜くことができます。 それほどスピードがなくても有効なプレーができます!

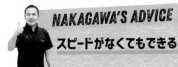

ゴール下の得点力を上げる

NG

シュートを打つ位置が浅くないですか？

手前でシュートを打つ

途中まで相手を押し込めているのに、途中で止めてシュートを狙ってしまう

1歩深く踏み込む

ゴール下でのプレーについて相談されたことがあります。それは特に自分よりもサイズのあるディフェンスがいた場合、シュートリリース時に手を合わせられてブロックされてしまうことでした。

このようなシチュエーションで使えるのが、相手に身体を当てて、ブロックショットができないリリースポイントを作ることです。同じ問題を抱えている方は、今のシュートポイントよりもさらに1歩踏み込み、深い位置でシュートを打ってみましょう。

CHECK

もう1歩深く押し込む

ディフェンスを押し込んでリング下までいけば、相手はリングの反対側にいることになる。そのまま上に跳べば、ノーマークのエリアでシュートが打てる。

深いところまで
ドリブルで押し込む

ディフェンスはリングの反対側まで
押し込まれる

ディフェンスの手が届かないエリアで
シュートが打てる

NAKAGAWA'S ADVICE

押し込んでもオフェンスチャージにならない！

ディフェンスが完全に正対して止めていなければ、ガリガリ押し込んでもチャージを取られません。ぜひこの駆け引きを実践していきましょう!

ゴール下で相手の裏をかく攻め方

テンポよく動く

まずはシュート動作で体を浮かせる

POINT

シュート動作に入ると、相手はブロックしようとして体が伸びる。ここから79ページのプレーにつなげる

テンポよく動きを見せる

ポストアップのディフェンスは、相手を押し込む動きをしてきます。相手もこちらの動きを警戒しているため、シュート動作に入るとブロックしようとして体が伸びた状態になります。こちらがさらに左右のどちらかに動くと相手もついてきますので、そこからさらにターンを入れて相手の虚をつきます。

つまりシュート、アタック、ターンをテンポよく見せることで相手の虚をつくことができ、フィニッシュまで持っていけるプレーができたりします。

CHECK

連続して駆け引きを仕掛ける

しっかりと密着した状態からボールを受け、「押す」、「引く」、「つり出す」、「アタック」といった押し引きの駆け引きをする。このような動きを緻密に行うことで相手を揺さぶれる。

1

相手の腰を浮かせたら低いほうへアタックする

2

相手がついてきたら反対側へターンする

3

相手を引き離してシュートに持ち込む

NAKAGAWA'S ADVICE

緩急も意識する

押し引きの駆け引きは、シンプルな動きでも相手を揺さぶれ、フィニッシュまで持ち込めます。テンポのよさと緩急を意識して自分のプレーに活かしましょう!

ディフェンスを寄せつけない ポストプレー

こんなプレーは攻めきれない

NG

相手とボールの距離が近い

相手とボールの距離が近いと、プレッシャーに耐えられなかったり、カットされてしまうこともある

相手とのギャップを作る

ポストアップからのターンシュート時に、相手が守りにくいムーブです。

相手に仕掛けていくときにボールを受けると、相手もしっかりと密着してプレッシャーをかけてきます。チャンスがあればカットしてボールを奪おうと、手を伸ばしてくる可能性もあります。

これを回避するためには、これまでも紹介してきたようにボールを相手の遠くで扱うことです。さらに上体で相手にプレッシャーをかけ、足を引いて相手とのギャップを作ります。

CHECK

相手とギャップを作ってプレー

相手から遠い、安全な位置でボールを扱う。そしてそこからムーブを仕掛け、シュートを狙っていく。

相手から遠いところでボールを受ける

上体でプレッシャーをかける。 足を後ろに引いてギャップを作る

ムーブを仕掛ける

シュートを狙っていく

NAKAGAWA'S ADVICE

リラックスしてボールを安全に扱う

相手のプレッシャーに惑わされず、落ち着いてプレーすることが大切です。またボールを安全なところで扱い、自分のペースで1対1を仕掛けましょう!

ゴール下へのパスのコツ

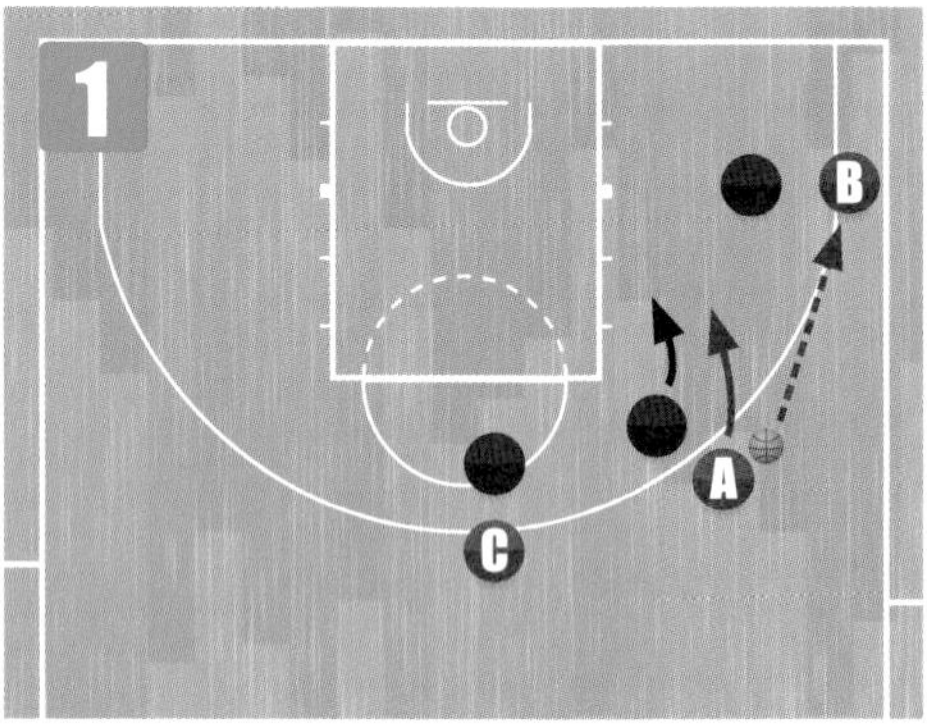

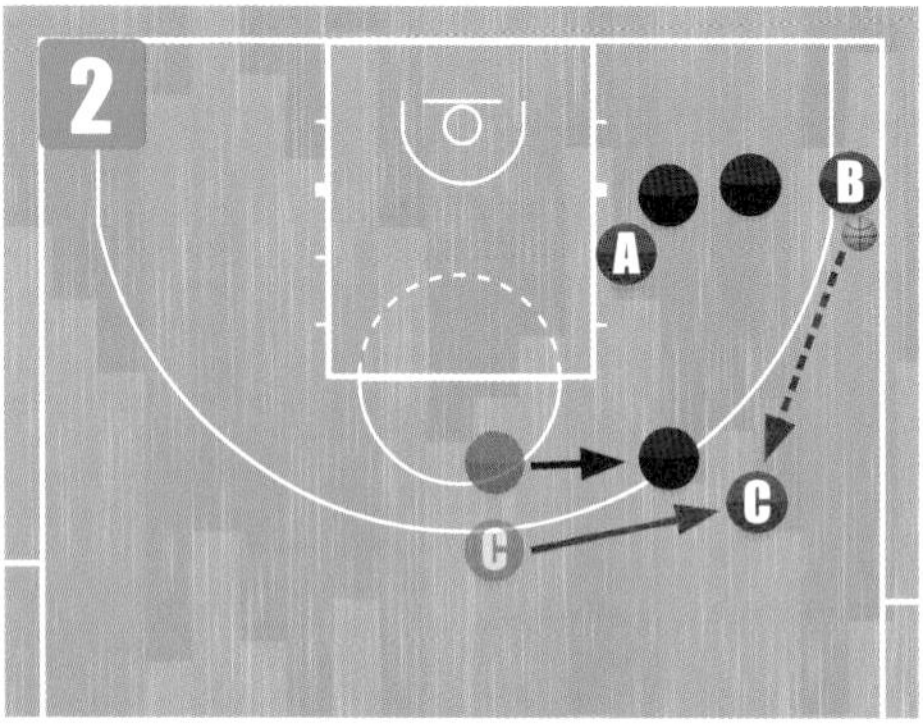

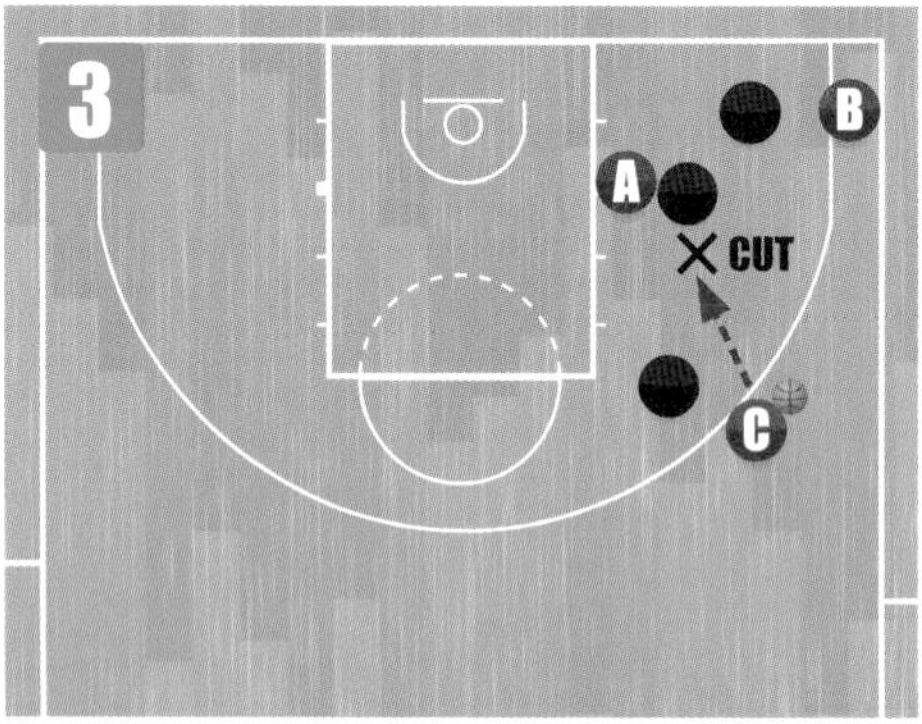

NG

何となくのパスは通らない

ディフェンスはカットを狙っている

マークについたディフェンスはカットを狙っているため、甘いコースへのパスはカットされるリスクが高くなる

● オフェンス ● ディフェンス
→ 選手の動き ⇢ パス

受け手の欲しいところへパス

上の図のようにパスの場所を間違えてしまうと、相手にカットをされてしまいます。そこでひと工夫が必要になります。

パスの出し手と受け手でコミュニケーションを取り、受け手は「ここに欲しい！」と手を挙げます（ターゲットハンド）。出し手はターゲットハンドを確認し、そこにボールを出すようにします。

またパスの後の動きが理解できていたら、手ではなくスポット（受け手が動く場所）にパスを出していきます。

CHECK

ターゲットハンドやスポットを狙う

パスの受け手が求めているところ（ターゲットハンド）や、次に動く場所（スポット）にボールを届けるようにする。

ターゲットハンドへのパス

ターゲットハンドに届けるようにパスを出す

オープンなところに手をあげる（ターゲットハンド）

スポットへのパス

受け手が動く場所（スポット）にボールを届ける

出し手は次のプレーを想定する

NAKAGAWA'S ADVICE

スコアが取れるかの分岐点

ターゲットハンドに対して、パスを正確に届けてあげる。これでスコアが取れるか取れないの違いが生まれます!

コラム

COLUMN

メガネを掛け替える

色メガネという言葉があります。先入観をもって人や物を見ることを意味しますが、時々目にする選手たちは、ポジティブではない色メガネを掛けていることがあります。「僕はこの子よりもダメなんだ」「監督に怒られてばっかりのバスケ人生なんだ」などのメガネを掛けているのです。

そのような子どもたちには、「君はできるよ。やればどんどん上手くなっているじゃん」「あれもこれもできるようになっているじゃん」という自信のメガネをかけてあげることが大切だと考えています。

そこで大切になるのが選手たちと信頼関係を作ることです。そもそも選手たちにもいろいろな事情があります。「試験前の勉強で疲れた」「親に怒られた」「家族や友達との関係がうまくいっていない」など、いろいろな悩みを抱えているはずです。そのような選手たちに対して、「私はあなたの仲間だよ」「君のパートナーだよ」と、上からではなく横から（同じ人としての立ち位置で）関わっていくようにしています。

さらに名前を呼んだり、些細な言葉を交わしたりして、「あなたを見ているよ」「君の成功を誰よりも応援しているよ」と感じてもらうことを心がけたり、一緒に1on1をしたりして、信頼関係が築けるように接しています。

PART 5

BASKET BALL LESSON

PASS

強いチームは パスがうまい

チェストパスの超キホン

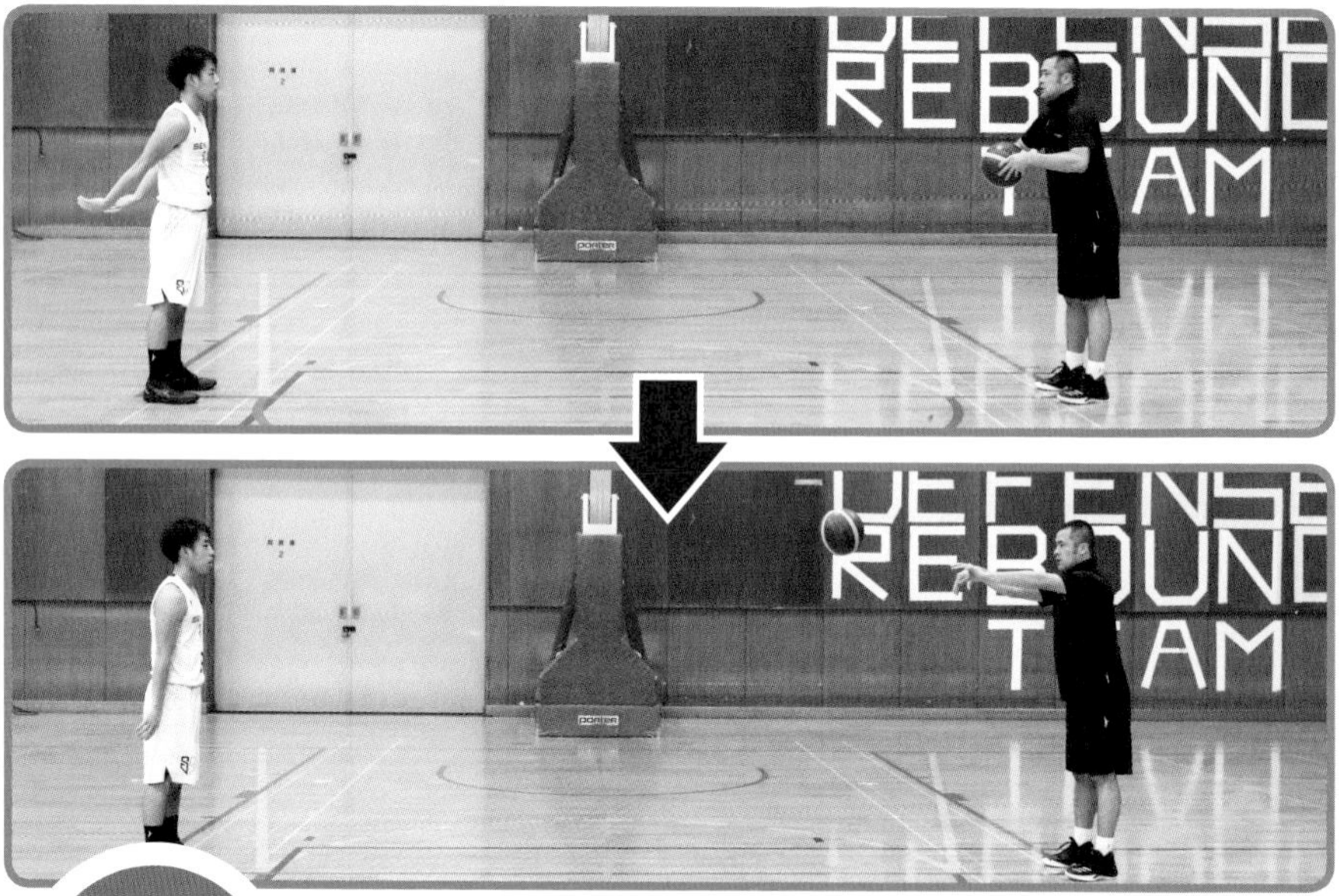

こんなチェストパスは×

腕だけで投げてしまう

腕の力だけでパスをすると、スピードが出ない

腰を入れて真っすぐにパス

パスのキホンであるチェストパスですが、「スピードのあるパスが出せない」という相談をいただくことがあります。その場合に多い原因は腰が入っていないことです。

左上のイメージをご覧いただきたいのですが、腰が入っている状態は、重いものを全身で押すような感じです。それに対して腰が入っていない状態は、重いものを手だけで押している感じです。

腰を入れてしっかりと腕を伸ばすと、速いパスが届けられるようになります。

CHECK

重い物を全身で押すイメージ

全身に力を入れて重たい物を動かそうとしたときの腰の感じが「腰を入れる」。パスを出すときもこのようにすることが大切になる。

重たい物を全身で押すときの腰の感じが大切

腕だけで押しても十分に力が入らない

重たい物を押したときのイメージで腰を入れる

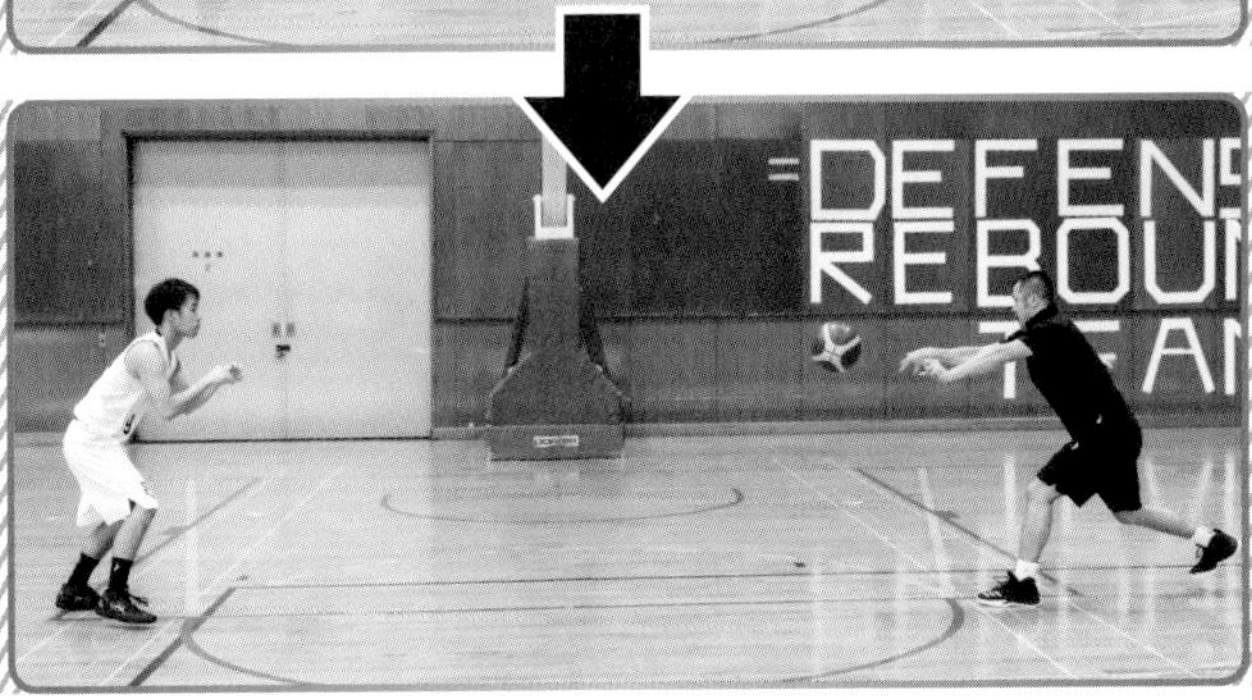

しっかりとボールに力を伝え、腕を伸ばしきってパスを出す

NAKAGAWA'S ADVICE

いつも速いパスを心がける

「速いパスを出そう」としているほど、パスのスピードが上がります。日頃の練習から速いパスを出すことを意識しましょう!

ボールをもらうキホンの動き

こんなパス待ちをしてませんか？

ディフェンスに隠れている

パスを出すほうからするとディフェンスが気になるため、
他の味方へのパスを優先してしまう

隠れた場所から顔を出す

試合中にコートのなかを走り回るものの、なかなかパスを受けることができない場合があります。このような場合、周りがパスをしたくてもディフェンスに阻まれているため、パスを出すスペースがないことが原因の1つです。

ではどうすればいいのかというと、隠れた場所から顔を出して、「ヘイヘイ」と声を出してボールを呼び込むようにします。

このように自分から主張をすることで、ボールが回ってくるチャンスが増えていきます。

CHECK

ボールに顔を出す

ボールに対してしっかり顔を出しに行ったり、高いところで呼び込む。ディフェンスはずっと追っかけるのが難しいため、この動作だけでボールをもらえる頻度が多くなる。

1

ディフェンスに隠れている状態

2

高いところへ移動をしながら顔を出す

3

大きな声を出しながらフリーをアピールする

NAKAGAWA'S ADVICE

シンプルな動きでパスがもらえる

ここで紹介した動きはとてもシンプルです。 このように「自分は完全にオープンなんだ」、「フリーなんだ」と強く伝えることでパスをしてもらえるようになります!

確実に決めるノールックパス

想定している3対1の場面

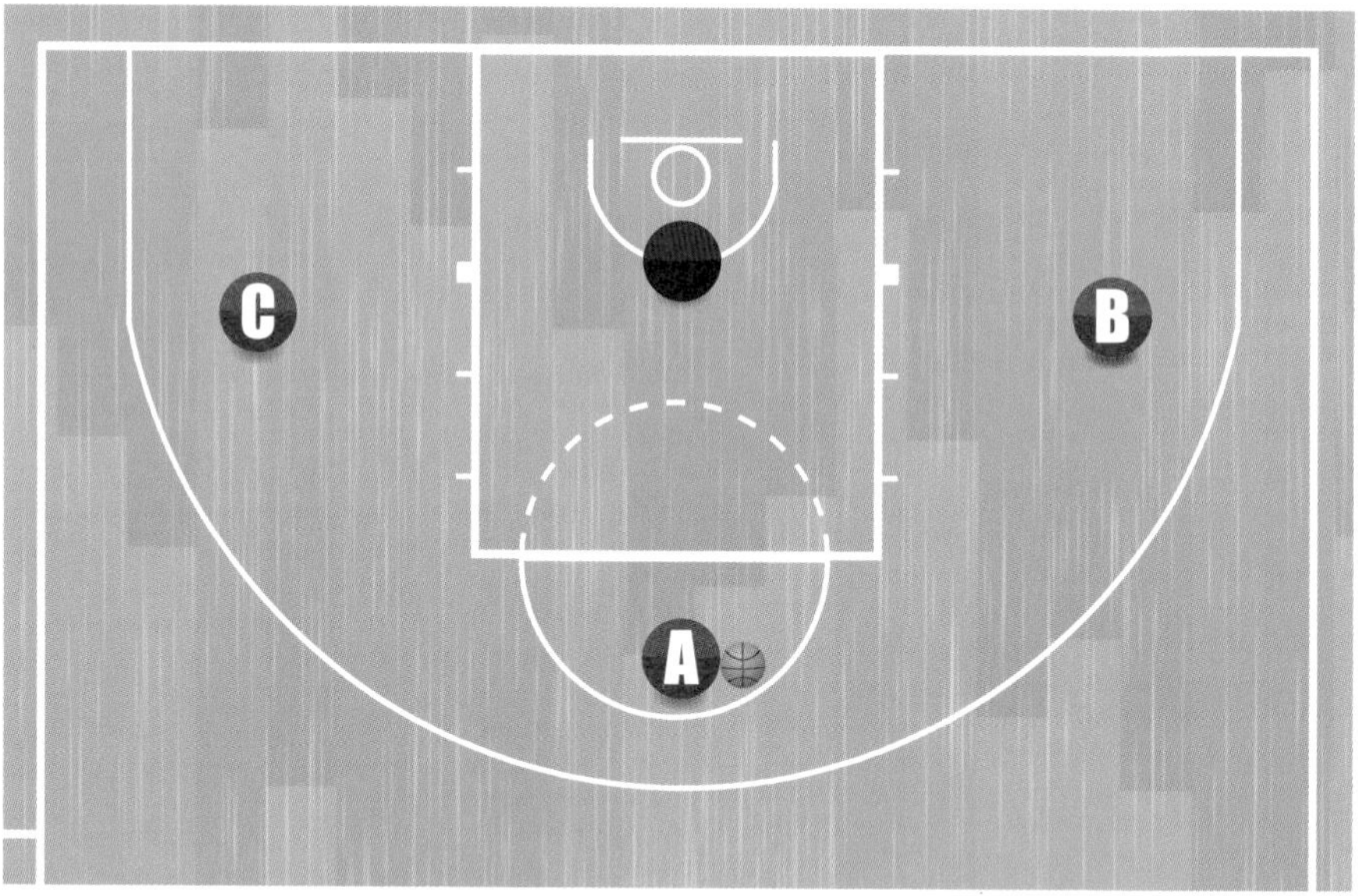

オフェンス　ディフェンス

ディフェンスの予測の裏にパス

Bへのパスを匂わせ、裏を読んだディフェンスがCへのパスカットにきたところでBへノールックパスを出す

はじめにパスを出す味方を決める

図のように3対1のシチュエーションで、真ん中の選手が行うおすすめのノールックパスを紹介したいと思います。ここではBのほうがサイズがあり、決定力が高いと仮定します。

まずは自分のなかで「Bにパスを出す」と決めることです。そして目線をBに送りながらドリブルをしていきます。すると経験値の高いディフェンスであれば、その裏を読んで「Cにパスだ」と思うケースがあります。そこでCのほうへ向かいながらBへパスを出します。

CHECK

確実に得点を取る選択をする

サイズやシュートフィニッシュの確率でパスを出すほうをあらかじめ決めておき、確実にその選手がフリーでパスを受けられるようなシチュエーションを作り出す。

パスをするほうへ目線を送りながら攻める

相手ディフェンスが裏を読んで反対側へチェックに行くタイミングでパスを出す

決定力の高い選手がノーマークでパスを受けられる

そのままシュートに持ち込む

NAKAGAWA'S ADVICE
超実践的な心理的駆け引き

このような心理的な駆け引きは、 ここぞという場面でとても有効です。 試合中でも3対1のシチュエーションは何度か起こると思いますので、 ぜひ実践してみてください!

正確無比なビハインドパス

ビハインドパスのよくある失敗

NG

手首をねじってしまう

投げたい方向がつかめずに必要以上に手首をひねると、
狙ったところと違うほうへボールが飛んでしまう

手の腹を届けたいほうへ向ける

私もビハインドパスができるプレーヤーに憧れて、このパスをたくさん練習しました。そのときにつかんだコツを紹介したいと思います。

　このパスで難しいのは、背中側でどのくらい手首を回転させるとよいかがつかめず、あらぬ方向に飛ばしてしまうことです。

　狙いどおりに飛ばすためには、手の腹を届けたいほうへまっすぐに向けること。変に手首をねじるとねじったほうへボールが飛ぶため、まっすぐに向けることを意識しましょう。

CHECK

まずはバウンズパスからはじめる

慣れないうちは、バウンズパスからはじめる。バウンズパスで狙ったほうへ飛ばせるようになったら、止まった状態や走った状態でのビハインドパスを練習する。

1

まずはバウンズパスでOK

2

慣れたらバウンドさせないパスを出す。 手の腹を飛ばしたいほうへ向ける

横から見た手の腹の向き

後ろから見た手の腹の向き

NAKAGAWA'S ADVICE

最終的には逆の手でもできるように！

走りながらでも狙ったところへ飛ばせるようになったら、利き手と逆の手でも練習しましょう。左右どちらの手でもビハインドパスができれば、試合でとても効果的です!

相手を惑わすパスフェイク

背面パスが有効な場面

POINT

マークやケアが自分に集まる

他のプレーヤーが空いていることを確認し、オープンな味方にパスを出す

相手を集めてからの背面パス

ゴール下でのポストアップレーで使える実践的なフェイクパスです。

ゴール下でボールをもらって攻めていくときには、周りの状況を考えます。相手にとって危険ゾーンであるゴール下でボールを受けると、往々にして相手のケアが自分に集まるため、フリーの味方がいます。

そのときに有効なのがこの背面パスです。相手に「読まれているな」と感じたら、背面パスをフェイクにして直接シュートに持っていくこともできます。

CHECK

武器を持つと選択肢が増える

背面パスは相手の意表をつける有効なテクニックになる。またこのテクニックを持っていると、背面パスと見せて直接シュートを狙うなどの展開もできる。

オープンの味方を確認する

背面パスでボールを届ける

背面パスを警戒している相手にはフェイクとして使う

フェイクからターンしてシュート

NAKAGAWA'S ADVICE

意外性のある動きを取り入れる

オフェンスの考え方として、 意外性のあるプレーや人がやらないプレーを入れたいものです。 そうすることでディフェンスの腰を折るような形の攻め方ができます!

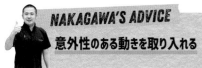

厳しいディフェンスを楽にかわす

NG プレッシャーに抗えない状況にさせられる

プレッシャーに負けて体勢が崩れる

体勢が崩れてしまうと打開するプレーにつなげられず、トラベリングを取られたりしてしまう

リバースターンからパス

相手のプレッシャーが強くて「ドリブルでこれ以上進めない」という状況での打開策です。ドリブルを止められると、ディフェンスはさらにプレッシャーを強めてボールを奪いにきます。パスコースも防がれるため、トラベリングを取られてしまうこともあるでしょう。

このような状況を打開するためには、相手がプレッシャーをかけてくるほうと反対側へリバースターンをしてパスを出します。こうすれば、簡単にディフェンスを出し抜けます。

CHECK

プレッシャーの逆側に動く

強くプレッシャーをかけてくる方向に抗うと、どん尻になってしまう。そのためプレッシャーがくるほうと逆方向に動くことで、相手を出し抜ける。

1

相手からプレッシャーがきている状態

2

左足を軸に反対側にリバースターン

3

この状態であれば、簡単に味方へパスができる

NAKAGAWA'S ADVICE

頭を使って危機から脱出

このようなプレーの発想を持っていない選手が意外に多いと感じます。苦しい状況を経験したら、それを打開する方法を考え、練習していきましょう!

コーディネーション パスドリル

ドリル1 ストレート&バウンズパス

1
お互いにボールを持って向き合う

2
片方がストレートパス、もう片方がバウンズパスを出す。ある程度やったら出すパスを交替する

2人でできるパスのレベルアップドリル

ここではパスの質を上げる、2人でできるコーディネーションドリルを2つ紹介します。

1つ目は片方がストレートパスを、もう1人がバウンズパスをします。同時にパスを出す動きを繰り返し、ある程度行ったら反対のパスをします（ストレートパスをしていた人はバウンズパス）。

2つ目はもう少し負荷が上がります。ボールを持ち、相手からのパスを捕る前に浮かせ、その間に相手にパスを返します。難易度は高いのですが、挑戦してみましょう。

ドリル2 ボールを浮かせている間にキャッチ&パス

1

ボールを持って向かい合う

2

片方は持っていたボールを浮かせ、相手のパスを捕る

3

そのままパスを返し、浮かせたボールを捕る。この動きを繰り返す

NAKAGAWA'S ADVICE

複合的なトレーニング

キャッチ、素早いパス、複数の動きを把握するなど、複合的に能力が鍛えられます。2つ目のドリルは浮かせたボールを背中側で捕るなど、楽しみながらやってみましょう!

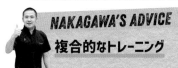

ゴール下への超高速パス

利き手と反対の手のパス

左手で持っているボールを右手で押し出す

この動きを磨くと、ノーモーションで素早いパスが一瞬にして出せる

右手で押し出すパス

ゴール下へのパスなどで使える動きです。右利きの人は右手でパスが出しやすいのに対して、左手でのパスは難しいものです。けれどもこのパスの出し方であれば、比較的簡単にできると思います。

このパスは、右手でボールを押してパスをします。手の動きですが、右手が上、左手が下でボールを支え、手首を返して押し出すようなパスです。

慣れてきたらノーモーションで、そして一瞬でパスを出せるため、試合でも重宝されるテクニックです。

CHECK

一瞬でシュートチャンスを作る

このようなパスを出し、パスを受けたプレーヤーがそのままステップインをして踏み込めば、素早くゴール下のシュートまで持っていける。

1

右手が上、左手で持ったボールの上に右手をそえる

2

右手でボールを押し出す

3

ノーモーションで素早くパスが出せる

NAKAGAWA'S ADVICE
とりあえず使ってみよう

利き手と反対の手で思いどおりのパスを出すのは難しいことです。もちろん少しでもよいパスが出せるように練習することも大切ですが、それと並行してこのようなパスも使ってみましょう!

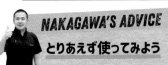

味方がシュートを打ちやすいパスのタイミング

パスが出せなくなる状況

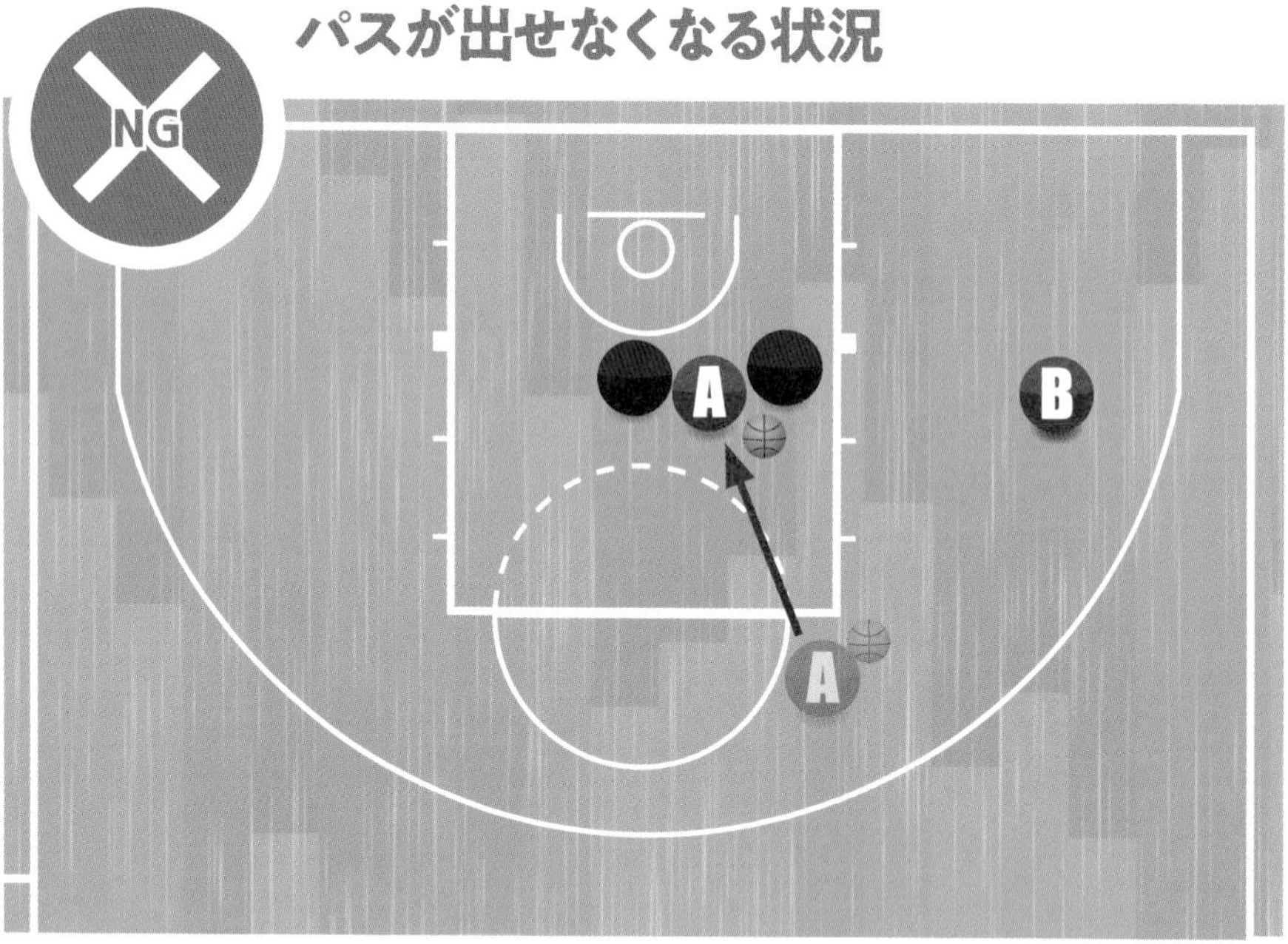

タイミングを見失う

パスのタイミングを誤るとディフェンスに囲まれてしまい、身動きが取れなくなる

● オフェンス　● ディフェンス
→ 選手の動き

正しいパスのタイミングを理解する

試合中にパスのタイミングを誤ってしまうことがあります。その例が上の図で、Bはシュートが得意な選手です。Aが縦にドリブルで割って入っていますが、このときにパスのタイミングがよくないとディフェンスに囲まれてしまい、シュートも打てなくなります。

　こういった事態を招かないためにはパスのタイミングが大切で、そのタイミングは2つあります。1つはディフェンスの奥から、もう1つはディフェンスの手前からになります。

CHECK

相手を引きつけ過ぎない

早めにパスを出すことで、ディフェンスとのギャップ（隙間）が増える。中途半端に相手を引きつけようとせずに、「ここだ」というタイミングをつかみたい。

1

ドリブルで進む。ディフェンスの状態でパスを出す場所を変える

2

ディフェンスが自分にお腹を向けていたら手前でパス

3

ディフェンスが右の図のAとBをカバーできる場合には奥まで進んでパス

NAKAGAWA'S ADVICE
タイミングとパスの素早さ

タイミングとあわせて大事にしたいのは、パスのスピードです。タイミングがよくても遅いパスだと自分のマークに戻りやすくなるため、素早いパスをしましょう!

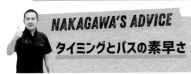

コラム

COLUMN

中川直之が変わったきっかけ

私は自分に自信が持てない子どもでした。体は弱く、低体重で生まれ、線もずっと細かったのです。そんな体型ですから、3Pは届かない、スピードも遅い、あたりも弱いなど、いろいろコンプレックスを抱えながらプレーをしていました。

双子の弟である和之はバスケットがすごくうまくて、毎回選抜チームに選ばれたり、全国のベスト5になったりと注目されていました。私はいつも弟と比較され、「中川兄弟の下手なほう」と言われてもいました。その私に「バスケットは時間のかかるスポーツだ」「コツコツ努力をするんだ」と教えてくれたのが、中学校時代の恩師である小林先生でした。これまでも練習をしてきたと思いますが、この言葉でさらに練習をするようになりました。誰よりも早く体育館に入り、一番最後に出ていくことが普通で、その間はずっと練習をしていました。帰宅してからもバスケット漬け。そうするうちに気づいたことがあります。

自分が「人と比べてどう」と考える必要はないことに気づいたのです。私は私らしく自分を磨いていけばいいと思えるようになりました。それと同時に「とにかくやるしかない」ことも学びました。

自分が「本当に価値があること」だと信じ、考えてやっていることは、最初はヘタクソでもいいんです。まずはヘタクソにやるエキスパートになりましょう。そしたら、いつかは必ず上手くなります。焦らないことです。努力は実るのですから！

BASKET BALL LESSON

PART 6

COMBINATION

2人以上の協力プレー で点を取る

エンドからフリーを作る

フリーを作るプレーの流れ

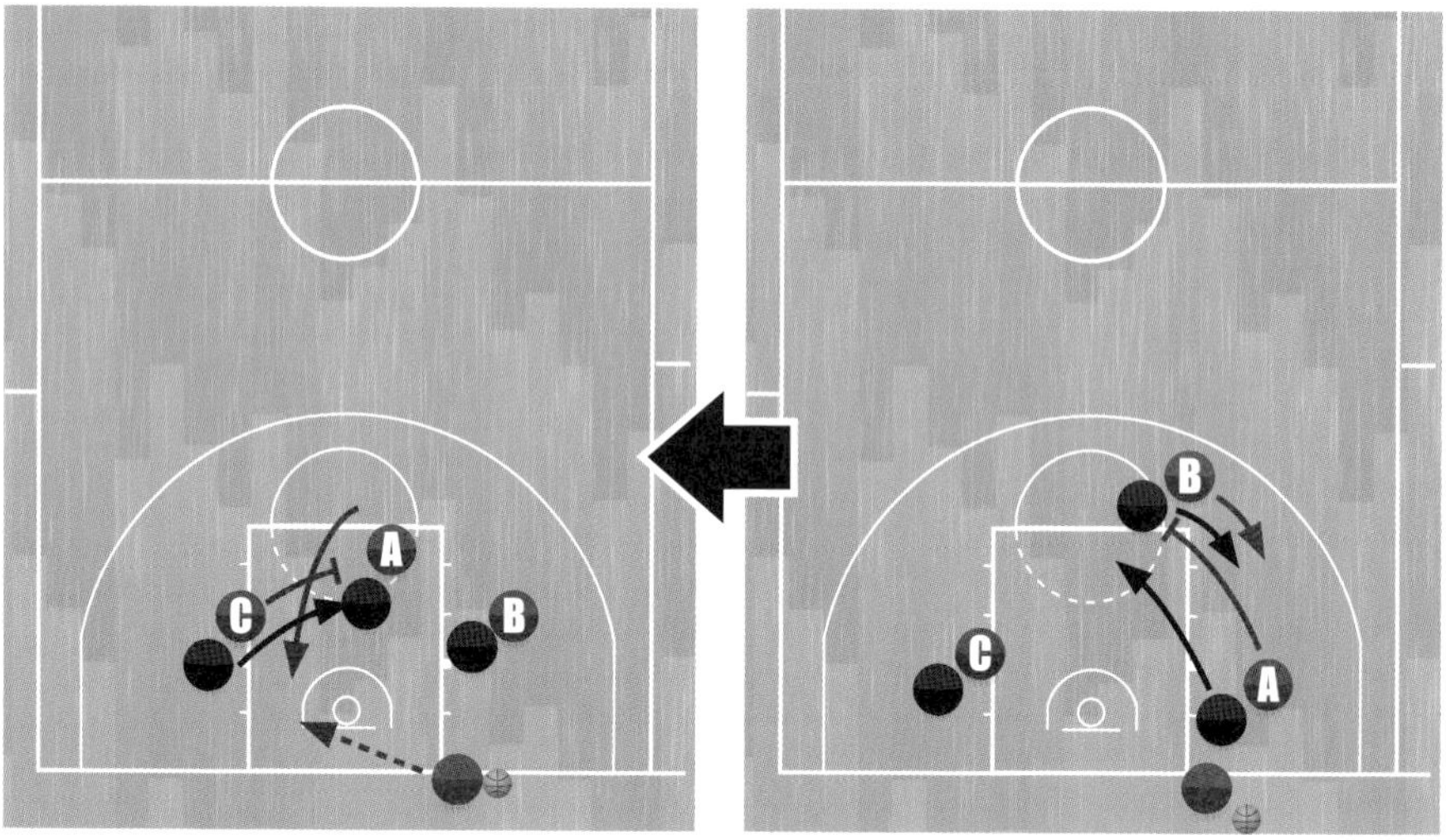

手前のポストマンが囮のスクリーン

スクリーン役に逆側のインサイドの選手がブラインドし、後ろからスクリーンでフリーになる

● オフェンス ● ディフェンス
→ 選手の動き ··→ パス ⊣ スクリーン

瞬時に役目を変える

おすすめのエンドスローインを紹介します。このプレーでは、スクリーンをかける選手が一瞬でスクリーンを使う人に役目を変えます。瞬時に行うためディフェンスは対応できず、トラブルが起こるため、ノーマークになれるのです。このような咄嗟に役割が変わるスクリーンプレーに対しては、相手はなかなか守ることができません。結構スタンダードなスローインプレーですが、しっかり素早くやれば、ノーマークになって点を取ることもできます。

CHECK

瞬時に役目を変える

一瞬で役割が変わるとディフェンスにはトラブルが起き、うまく対処できなくなる。そのトラブルを利用してフリーになる。

トップにいる選手にスクリーンをかけに行く

逆のインサイドの選手がブラインドに行く

インサイドの選手の後ろからスクリーン。フリーになってパスをもらう

NAKAGAWA'S ADVICE

ディフェンスの対応の裏をかく

ディフェンスは、「スクリーンをかける!」と思って対処をしてきます。それが次の瞬間にスクリーンを使う人に役割が変わるので、対処ができなくなります。

確実に決める合わせ方

NG

こんな合わせをしていませんか?

バスケ初心者講座
ドライブへの合わせ

バスケ初心者講座
ドライブへの合わせ

ボードが使えない角度からのシュート

角度がないとボードを使えないため、シュートが難しくなってしまう

どこでボールを受けるかで結果は変わる

試合で起こる「もったいないシュートミス」を改善して、確実に得点に繋げていく。そんなプレーやシュートの選択肢を紹介します。

ドライブでベースライン側を割っていったとき、逆サイドのディフェンスがヘルプに来ます。タイミングよく合わせられるとゴール下でノーマークが作れますが、ミートの一工夫が足りなくて、確実に点に繋げられていないことが多いものです。これをなくすためには、より簡単なシュートで終われる工夫をしましょう。

CHECK

より簡単にシュートを打つ

ボードに当ててシュートを入れたり、ボードからの跳ね返りを捕ってシュートなど、できるだけ簡単にシュートが打てるようにする。

1

ボードが使える位置にミートする

2

ワンミートでシュートがやさしくなる場所でパスを受ける

3

よい位置からだと、100回打って100回入るくらいやさしいシュートで終われる

NAKAGAWA'S ADVICE

同じノーマークだけど…

45°付近からバックボードを使ったシュートと、角度のない所からのシュートのどちらが簡単でしょうか？空間把握を誤らなければ、入るべきシュートをしっかり決めきれます！

チャンスを逃さない スクリーンプレー

NG

こんなプレーをしてませんか?

パスのタイミングを逃してしまう

スクリーンがかかっているのにパスを入れない

ワンチャンスを逃すとオフェンスが停滞する

ゲームの中でオフボールスクリーンを使うときの見落として欲しくないポイントを説明します。

オフボールスクリーンが確実にかかっているのに、そこにパスを通さず、お約束で45度にパスを出してしまうことがあります。するとボールをもらってから何をしようかと考えてしまい、オフェンスが重くなります。

ディフェンスのひずみを突いていくチャンスを逃さないようにしましょう。

CHECK

スクリーンプレーのパスをしっかり狙う

ガード（パサー）はディフェンスの状態をよく見て、スクリーンがかかったら空いている空間にパスを出す。ディフェンスの対応が遅れていたら、レイアップに持ち込むなどしっかりと攻めきる。

1

スクリーンがかかる

2

空いている味方にパスを出す

3

そのままレイアップに持ち込む

NAKAGAWA'S ADVICE

ディフェンスが目を切ったらノーマーク

パサーはディフェンスの視線をよく見ましょう。 ボールを見ていなかったり、 自分のマークマンを見ていない場合は、 積極的にパスで突いていきましょう!

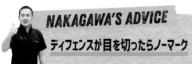

試合で使えるスクリーンの小技

NG

ユーザーがこんなプレーをしてませんか?

攻める気満々だとディフェンスに警戒される

ディフェンスが警戒して詰めてくると、攻め手が減ったり、攻め手を失ってしまう

ピック&ロールのマニアックな注意点

ピック&ロールの成功率を上げるには、スクリーンを使う側（ユーザー）の対人感覚が大切です。

ユーザーは、スクリーンを呼んでいることやスクリーンがかかってることを、ディフェンスに教える必要はありません。ところが顔の向きや、表情でばれてしまうケースが多く見られます。

ポーカーフェイスで「何を考えてるのかわからない」状態からパスを出すと、相手は情報がキャッチできないので、こちらの動作を読むことができません。

CHECK

ユーザーはポーカーフェイス

「妙に攻め気な感じ」を出したり「わざとらしいプレー」は、ディフェンスに狙いを見抜かれる。いちばんいいのは、無表情で何を考えているかを悟らせないこと。また相手に正対せず、半身になるのもよい。

1 表情や目線の置き所は、何を考えているかわからないようにする

2 何を考えているのかわからない状況から、いきなりすっと動く

半身のドリブルも有効

ディフェンスから遠い位置にボールを置けるので安全なだけでなく、オフェンスの攻め気を読まれにくい

3 パスが通りやすくなり得点につながる

NAKAGAWA'S ADVICE

ディフェンスを動かすとスクリーンがかかりやすい

ディフェンスに警戒されてスクリーンがかかりにくいときには、1on1を狙うつもりでディフェンスを大きく動かすと確実にかけることができます。

ピック&ロールのコツ

そのプレー、 読まれてませんか?

NG

モーションの大きなパス

パスまでの動作が大きかったり、時間をかけすぎると、
ディフェンスに動きを読まれて囲まれてしまう

パスコースが空いていれば必ず通せる

トップからのピック&ロールは、ゲーム中に多用されるプレーのひとつです。ボールを持っている選手にスクリーンプレーをしますが、スクリーンからリングに対してボールミートしたときのパスの技術がけっこう難しいものです。

相手にスクリーンプレーを警戒されてしまうと、このパスがなかなか通せなくなります。一瞬の隙をつけるよう、ノーモーションのパスや片手でのドロップパスなどを練習しておきましょう。

▶ 予備動作を見せない

チャンスは一瞬しかなく、ディフェンスは一生懸命守ってくるので、予備動作が大きいとパスが通らない。ドリブルから片手でパスを出したり、ノーモーションでパスを出す。

ノーモーションでパス

日頃から
練習しておく

視線をズラして、ノーモーションからパスを出す

片手でドリブルからパス

確実に
ディフェンスを
引きつける

ドリブルをした状態から、ノーモーションでバウンズパスを出す

NAKAGAWA'S ADVICE
片手ですべてを扱うのでちょっと難しい

ドリブルで抜いてくると思っているディフェンスは、なかなか対応できません。ボールを中心で扱う感覚を普段のハンドリングで強化しておきましょう。

脅威のクロスプレー

レッグスルーパスに見せかける

ドリブルで味方とクロス

POINT

ドリブルで攻め込む。味方は背後でクロスするようにリングに向かって走り込む。レッグスルーパスと見せかける

経験のあるディフェンダーほど引っかかる

ファストブレイクなどの速い展開で2on1の有利な状況が作れたときには、確実にスコアしたいものです。後続でオーバーラップしてくる味方の選手と連携した、必殺のクロスプレーを紹介します。

　このプレーでは、後続の味方にレッグスルーパスと見せかけて自分でシュートに持ち込みます。これまでに、クロスプレーからパスをされてノーマークのレイアップに持ち込まれたという経験のあるディフェンダーは、必ずと言っていいほど引っかかります。

CHECK

同じモーションで行う

背面へのパスをすると見せて、自ら持ち込んでシュートをする動きになる。レッグスルーパスと、まったく同じモーションや動き出しができるほど効果的。

レッグスルーパスを見せかける

自分がボールを拾う

そのまま攻め込む

シュートを放つ

NAKAGAWA'S ADVICE

相手に大きなダメージを与える

トリッキーな技ではありますが、決まればベンチも含めて大盛り上がり間違いなしのプレーです。チームが乗ってきたとき、勢いのあるときにトライしてみましょう。

やばい！動けないは実は チャンス

想定する状況

相手が出てきてシュートを防がれてしまった

1対1でボールを受けてドリブルへ

ピンチをチャンスに変える発想

これは、1対1でボールを受け、ドリブルからジャンプシュートを放とうとしたが、相手が過剰に出てきてシュートを防がれてしまったというシチュエーションです。

ドリブルもシュートもできない、一見手詰まりの状況ですが、アイデアひとつでここからでもスコアすることができます。それがバックボードに当ててタップシュートに持ち込む動きです。

窮地に追い込まれた場合、このような柔軟な発想を持つことが大切です。

CHECK

バックボードに当てて タップシュート

意識したいのは、ディフェンスの虚をつくこと。バックボードにボールを当ててタップシュートという発想に対処されることは、ほとんどない。

インサイドの空いているところに脚を1歩入れる

バックボードを狙ってボールを投げる

ダッシュして自らボールを捕る

タップシュートを打つ

NAKAGAWA'S ADVICE

バックボードを味方にする

ドリブルが止まり、シュートも打てないと「パスしかない」と考えます。けれども、バックボードを6人目の味方につければ、プレーの選択肢の幅が広がるのです!

相手を出し抜く2on1

このプレー の状況

● オフェンス ● ディフェンス
→ パス

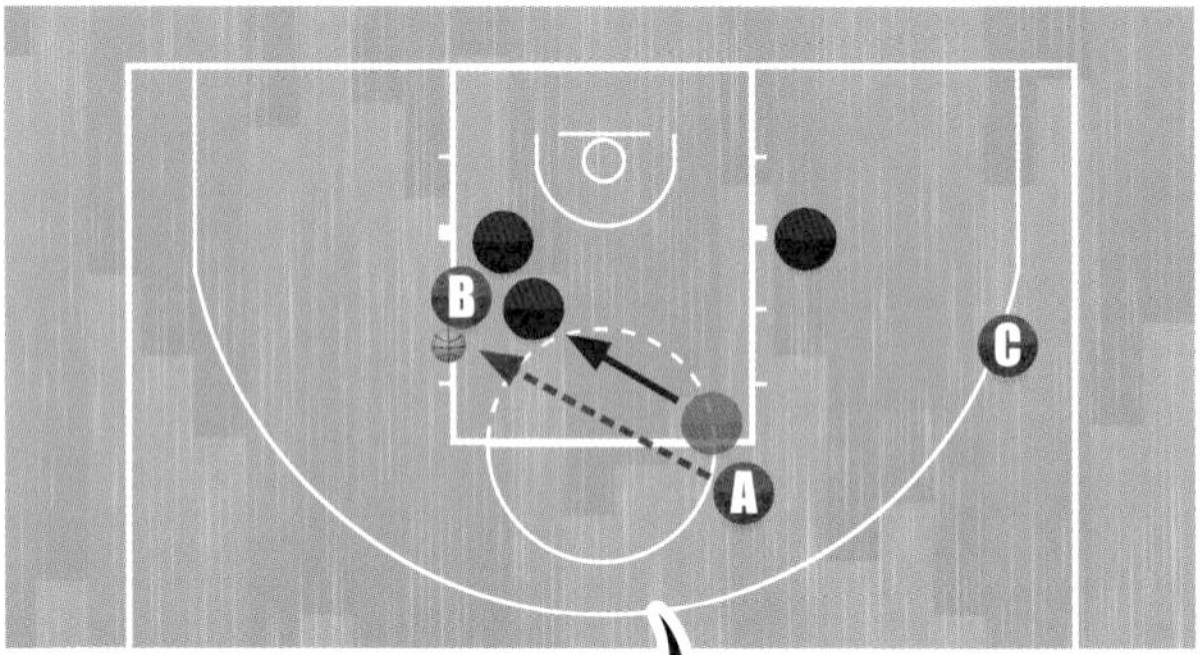

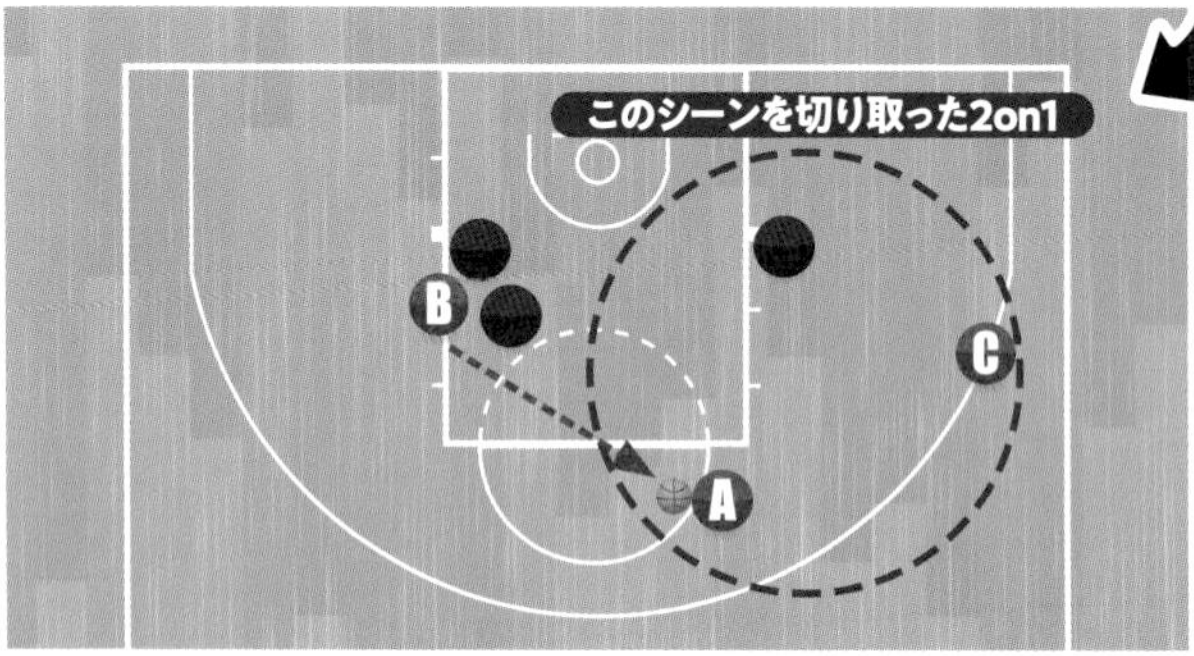

リターンパスからの1対1

インサイドプレイヤーへのパスを出し、相手がダブルチームに行ったところでリターンパスを受け取った状況

ディフェンスの状況を見ながら狙う

パスフェイクを使って、自分自身にチャンスメイクをしてみましょう。

インサイドプレイヤーにパスを入れると、自分のディフェンダーがダブルチームに行くことがあります。そこでリターンパスをもらうと、2対1の状況が作れます。そんなとき、オープンな選手にパスをするだけでは、ディフェンスにうまく守られると結果的にシュートできないことも起こります。パスフェイクからの自らのシュートも忘れてはいけません。

CHECK

リアリティのある パスフェイク

1人で2人を守ろうとしてくるディフェンスに対して、パスフェイクで動きを探る。その動きによって、シュートかパスをチョイスする。

パスフェイクを仕掛ける

2
フェイクでは、
ヒジを伸ばして
ボールと目線を
同期させる

ディフェンスが動かなければそのままパス

ディフェンスが動けば自らシュートを狙う

4
ウイングが
走り込んでいたら
パスを狙っても
OK

そのまま打つ

NAKAGAWA'S ADVICE

懐深くよりいいプレーを選ぶ

2on1の状況でも駆け引きの上手なディフェンダーにはうまく守り切られてしまうこともあります。パスやシュートのフェイクで、ディフェンスの動きを観察しましょう。

味方への合わせで楽に点を取るための考え方

2対1でのシチュエーション

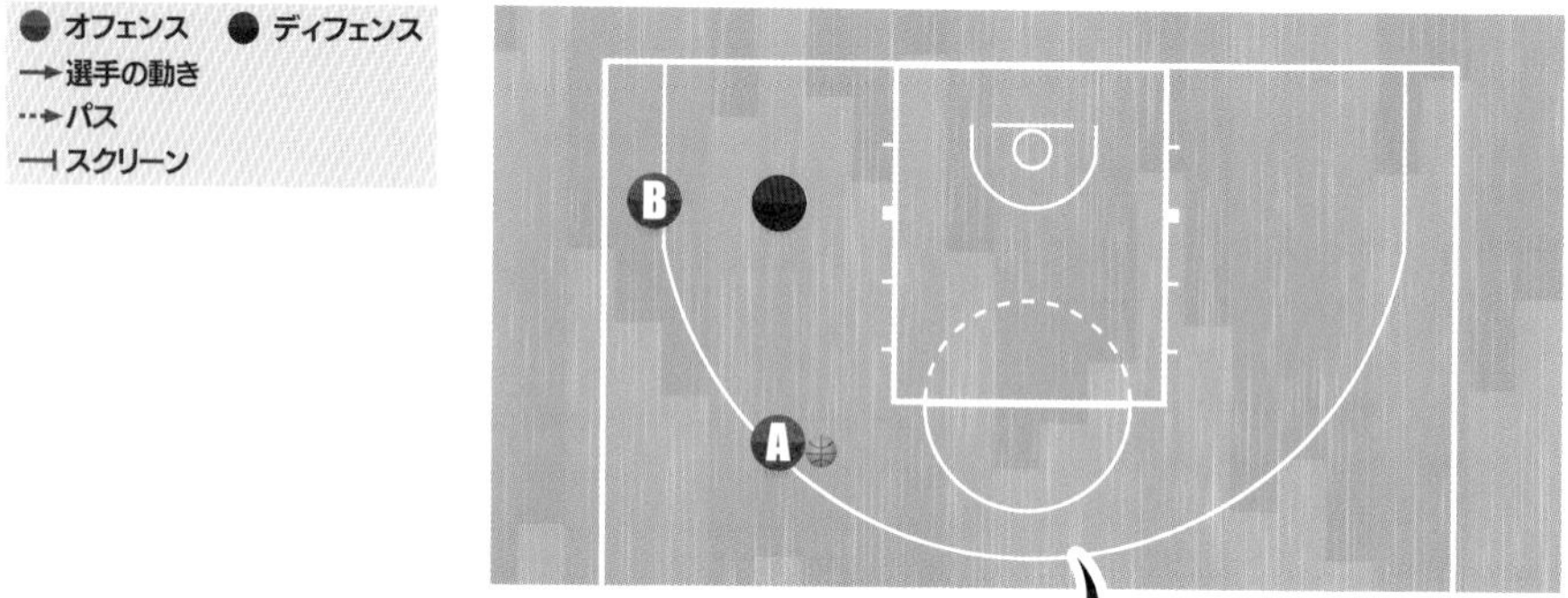

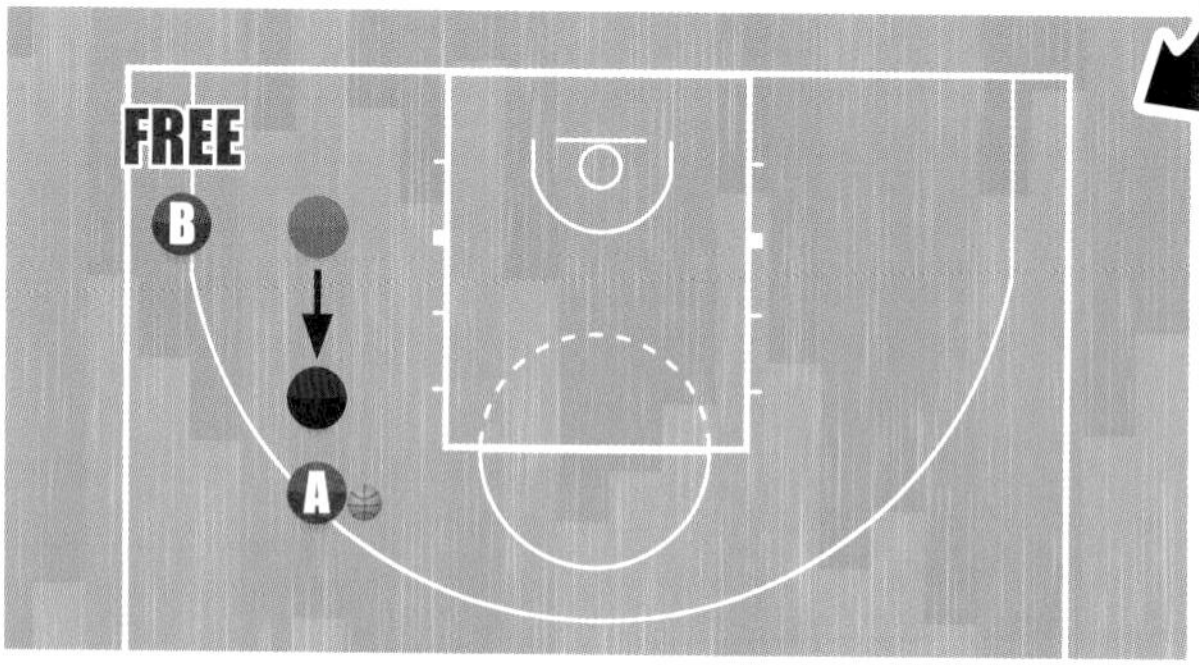

絶対的なセオリー

誰かがヘルプにきたら誰かが空くというのは、バスケットボールのセオリー。セオリーをベースに考えることで、ノーマークのシュートが作れる

コーナーに合わせるか、裏をつくか

バスケットでは、ドリブルアタックをしてヘルプに来たら誰かが絶対に空きます。そのセオリーに則ってチームバスケットを考えていけば、ノーマークのシュートを作っていけます。

トップからアタックをしたときに、45度のウイングの選手がディフェンスの反応に応じてどういう風に合わせていくか、その基本的な考え方を説明しましょう。

▶ コーナーか裏か

ディフェンスの動きに応じて次の2つが考えられる。ディフェンスがボールマンのヘルプにきたらコーナーに合わせ、パスコースを遮断してきたら裏を狙う。

コーナーに合わせる

> ボールマンに
> ヘルプに来る

> コーナーに
> 合わせてパス

アタックをしたときにディフェンスがボールマンにヘルプに来たら、コーナーに合わせる。そこからシュートを狙うか、ディフェンスが詰めてきたらアタックを仕掛ける。

裏を狙う

> ディフェンスが
> パスコースに入る

> 裏を囲って
> パスを出す

アタックに対してパスコースを遮断してくるようにディフェンスしてきたら裏を狙う。ディフェンスの反応に応じてプレーを選択する

NAKAGAWA'S ADVICE

オフェンスはディフェンスの反応ありき

ディフェンスの動きをよく見れば、どこにどう合わせていけばいいのか、どの空間を突いていけば守りづらいのかが見えてきます。

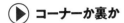

コラム
COLUMN

恩師小林先生

「バスケットには時間がかかる」と私に教えてくれた小林先生。

ある日の練習で小林先生から「バスケットはシュートを決めんと勝てんぞ!」と言われ、10本連続でシュートを決めるまで終わらないというシューティングを私たちに課しました。試合で使うミドルシュートを連続で10本です。時間はかかったものの何とか終えた私たちですが、1人だけ終わっていない仲間がいたのです。彼は中学からバスケットをはじめた選手でした。なんとか8本、9本までは決められるものの、最後の1本がどうしても決まらない。最後の1本を外すたびに私たちが控えめなため息をついていると、「あとはわしに任せろ」と小林先生が指示を出し、全体練習は終わりました。選手たちを帰らせて、決めきれなかった選手のシューティングをマンツーマンでサポートする小林先生。翌日、その選手に「昨日は何時までシュート練習やったん?」と聞くと、夜の0時半までやっていたそうです。小林先生はその間、黙々とパスを出してくれたそうで、ようやく連続10本決めたときには一言、「ちょっと時間がかかったのう」と言葉を添え、彼を家まで送ってくれたそうです(親御さんには事前に職員室から電話をされていたそうです)。先生は部員の一人ひとりに、とても真剣に向き合ってくださいました。あのとき小林先生は「決めたことをきっちりやる!」ということを、私たちに伝えたかったのだろうと思います。「途中で諦めたり、逃げたり、妥協しない」ということを、自分も一緒になって伝えてくれたのだと思います。後々の話ですが、この話の主人公は全国大会の大一番で値千金のプレーをしました。決してきれいなシュートフォームではありませんでしたが、試合をつなぐすごい仕事をやってのけたのです。

PART 7

BASKET BALL LESSON

DEFENSE

ディフェンス向上ドリル

1on1を封じるヘルプディフェンス

こんなディフェンスしてませんか？

● ディフェンス ● オフェンス
→ 選手の動き ⇢ パス ⊣ スクリーン

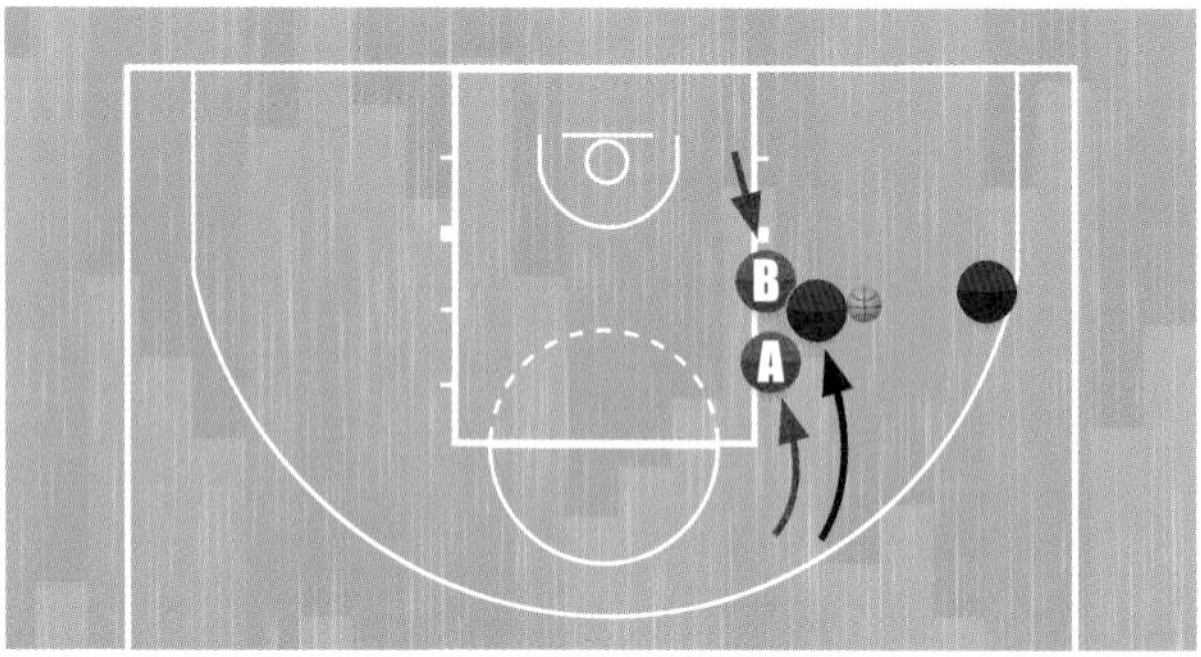

NG

**割って入ってきたとき
ヘルプに
行き過ぎてしまう**

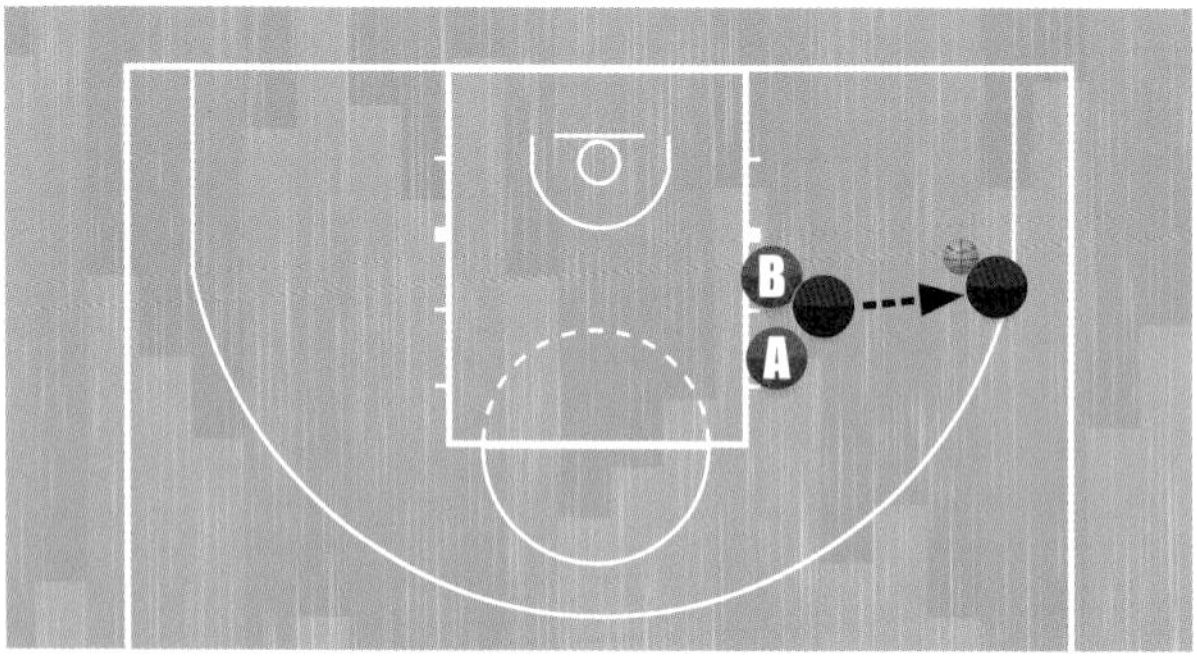

NG

**フリーの味方に
パスを出されて
シュートを
決められてしまう**

ノーマークのシュートを打たれないために

育成カテゴリーのゲーム中に起こりがちな、ディフェンスで気をつけるべきポイントを説明します。

例えば、トップでボールを持っている選手がドリブルで割って行きます。後ろの選手は、簡単なレイアップに持ち込まれないためにカバーに行かなければならないのですが、そのときヘルプに行き過ぎ、簡単にパスをされてシュートを打たれて決められてしまいがちです。こういうシチュエーションで大切なのは、後ろのヘルプにいっている選手の意識と対応です。

CHECK

ヘルプに行くと見せかけて戻る

このようなシチュエーションでは、ヘルプに行きながら状況を判断し、「簡単には抜かれない」「パスをしてくる?」と判断をしたら、素早く自分のマークマンに戻る。

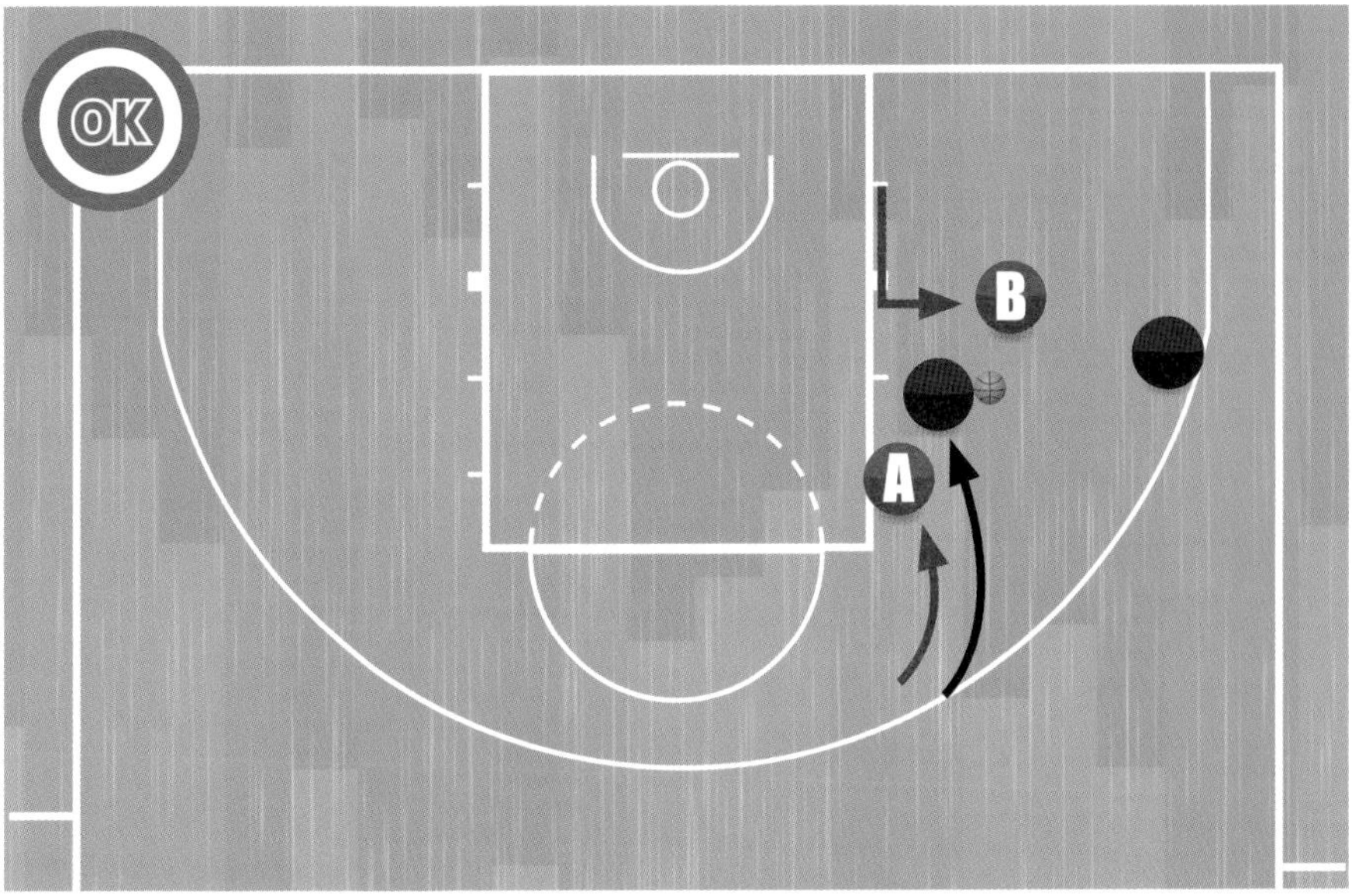

ヘルプに行ったときに簡単にレイアップに行けないと判断したら、自分のマークマンに戻る。ノーマークのシュートやドライブをケアする

パスを出すと判断したらすぐに戻り、シュートにもドライブにも対応できるようにする

ヘルプに行きながら状況を判断する

NAKAGAWA'S ADVICE
後ろのディフェンスは「ショウ」「バック」で

ヘルプと見せかけて自分のマークマンに戻るのが「ショウ」「バック」です。ドライブしてきた相手にシュートかパスか、迷わせて判断を遅らせれば成功です。

オフボールでの守り方

守り方のキホン

POINT 1

相手とリングを結ぶ ポジションに立つ

相手のオフェンスとリングの間に身体を入れ、パスコースに手を上げて遮断する。

POINT 2

ボールから 絶対目を離さない

ボールの位置を見ていればゴール下にパスを通されることもなく、ドライブされたときにヘルプにも行ける。

パスを防ぎたい気持ちはグッドだけど…

トップでボールを持っている選手がいて、ボールを持っていない選手をマークする場合の守り方です。

このようなシチュエーションでは、パスを通されないように、自分のマークマンをずっと見て、ついてしまっているケースが多く見られます。ボールを見ていなければ、ゴール下にパスを出され、そのままシュートに持っていかれてしまうこともあります。

それを防ぐためには相手とゴールを結ぶ線上に立ち、いつもボールが見えるように構えましょう。

CHECK

冷静に状況を見る

ボールとマークする選手、そして状況を把握しておくことがとても大切になる。また「この後、何を仕掛けてくるのかな?」とイメージをし、対処できる準備をしておく。

NG

自分のマークに意識が行き過ぎて、ボールから目を離している

手を上げてボールを見ながら守る

人とリングの間に身体を入れる

NAKAGAWA'S ADVICE

インラインのポジションに立つ

人とリングを結ぶポジションをインラインといいます。ディフェンスがインラインに立っていれば、パスを通されてもノーマークでシュートをされずに済みます!

センターを封じる

こんなディフェンスをしていませんか?

NG

自由にプレーさせてしまう

強烈なセンターにインサイドでボールを持たれたら負けてしまう。また、前を取っているだけだと裏にパスを通され、簡単に決められてしまう。

ボールを持たれたら終わり

強烈なポストマンに前に張られて強くプレーされ、簡単にシュートを決められたら、結構しんどい展開になってしまいます。

そんなときは、極端なディフェンスシフトではありますが、フルフロントに立って、後ろの選手に対してプレッシャーがかかるように、お尻でしっかり押しながら守ります。

このような守り方ができれば、例えば裏にパスをされても手が届けばカットができますし、ダブルチームもやりやすくなります。

CHECK

前を取り、お尻を乗せて押す

ポストマンに自由にプレーさせないためには、完全に前を取り、太ももにお尻を乗せて押す。すると力を出しづらくなり、たとえパスが通っても安易にプレーができなくなる。

「後ろお願い」とコミュニケーションを取ってヘルプを担保しながら、完全に前を取ってしまう

ポストマンの太ももの上にお尻を乗せて押すと、力を出しづらくなり、踏ん張りが弱くなる

NAKAGAWA'S ADVICE

審判はディフェンダーの手を見てる

審判は、ディフェンスで手を巻いたり、手で押したりしていないかを見ています。手を使っていないことをアピールしつつ、お尻で圧力をかけましょう。

鉄壁のゴール下ディフェンス

こんなディフェンスをしてませんか？

NG

身体を寄せていない

シュート動作で身体を寄せずに踏み込まれてしまうと、簡単に決められてしまう

一番大切なのはリングを守ること

ゴール下で1対1を仕掛けられ、じりじり押し込まれて簡単にスコアされてしまうことがあります。そのようなケースで多いのは、相手がシュートに来るときに身体を寄せられずに、そのままステップされてシュートを打たれるといった動きです。

相手がドリブルで押し込んできても、最後は絶対シュートにきます。ここでしっかり身体を相手に密着させ、簡単にステップを踏まれないようにします。シュート動作を一番手厚く守ることが大切です。

CHECK

身体を寄せて ゴール下にステップさせない

ゴールに向かってステップされると、シュートの確率は高くなる。軸足を挟み込むように間合いを詰めれば、下がりながらのシュートをさせられる。

ドリブルについていく

ドリブルを止めた瞬間に素早く身体を寄せる

ターンの軸足を挟むように寄せていき、ステップを踏ませない

NAKAGAWA'S ADVICE

無理な体勢のシュートを打たせる

最後の瞬間に間合いを詰められると、パスをさばくか無理なシュートになります。体勢が崩れると、リバウンドも難しく、ボールを奪える確率が高まります。

1on1で自分よりも大きい選手を守るコツ

NG

こんな対応をしてませんか?

ズレを作ってしまう

少しでもズレを作ってしまうと縦に踏み込まれ、
そのままゴール下までボールを持って行かれてしまう

細かいステップで対抗する

ディフェンスのときに、自分より大きな選手をマークしなければならないケースが多くあります。身体の大きな選手に対して少しでもズレを作ってしまうと、そのまま簡単にシュートまで持って行かれてしまいます。小さなディフェンダーは、ボールを持っている選手とリングをつなぐインラインを常に意識し、サイドステップ、時にはクロスステップも駆使して、コースに立ち塞がりましょう。できればしつこく追いかけて相手を横移動させます。

CHECK

常にインラインに立ち続ける

身長の大きい相手は一歩の歩幅も大きいので、ディフェンダーは細かくステップを踏み続けて、インラインを譲らないこと、その一点に集中する。

コースに常に入っていれば、
大きな相手も攻めあぐねる

相手がコースを変えても
インラインに立ち続ける

相手のドリブルが横移動になるように、
しつこく追いかけ続ける。

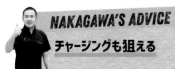

NAKAGAWA'S ADVICE

チャージングも狙える

自分より小さなディフェンダーにインラインに立ち続けられると、 オフェンスは無理にコースをこじ開けようとし、オフェンスチャージングを取れることもあります。

うまく守れない人が意識するポイント

しっかりと守るディフェンスのコツ

POINT 1
手だけではなく足も使う
ボールを取りに行くのではなく、足を使って相手の動きに対応する

POINT 2
相手が向かう方向に身体を合わせる
動くコースに立ち塞がれば、相手はドリブルを止めてパスを出すしかなくなる

相手のボールばかり気にしすぎない

1on1のディフェンスで、うまく守れない、すぐにファウルの笛を吹かれてしまう。そんな人は、ボールを持っているプレーヤーの目の前のボールに気がいき過ぎています。手をそのままの状態にして相手のドライブに対応しているため、簡単に手が引っかかってしまうのです。

ディフェンスでは「相手のボールを止めたい」「奪いたい」という気持ちを抑えて、細かくステップを踏みながらコースに入っていくことを心がけましょう。

CHECK

足を使い身体を向ける

相手が保持しているボールは、簡単には奪えない。容易に攻撃させないためには足を使って相手の動きに対応し、相手が向かう方向に身体の向きを合わせる。

NG

相手が保持しているボールは、簡単には奪えない。手だけで対応すると抜かれたり、体に引っかかってしまう

ハンズアップしていれば、手がかかっていないことを審判にアピールできる

ステップを踏んで、相手とゴールを結ぶインラインに立つ努力をする

NAKAGAWA'S ADVICE

ディフェンスは我慢！？

目の前にボールがあると、つい手を出して安易に奪いたくなるものですが、ディフェンスは「足を使う」。足で相手を自由に動かさないことが大切です。

相手を攻めづらくする ハンズアップ

こんな手の動きをしてませんか？

NG

手の位置が低い

ハンズアップをしていなければ、オフェンスは余裕を持ってプレーできる

手が上がっていないとプレッシャーがかからない

ボールを持っているオフェンスにとって、ディフェンスが小さく見えるとプレッシャーを感じないため余裕を持ってプレーができ、気楽にシュートを打たれたり、簡単にパスを通されたりしてしまいます。

身長差があったとしても、ハンズアップによって、自分を大きく見せることができます。さらにオフェンスに対して、シュートブロックやパスカットを警戒させられます。ですから、自分を大きく見せることが大切になるのです。

CHECK

自分を大きく見せる

ハンズアップをして自分を大きく見せることで、相手にプレッシャーを与える。そのときにしっかりとヒジを伸ばして手を高い位置に上げる。

ハンズアップをして自分を大きく見せ、
相手にプレッシャーをかける

ヒジを伸ばして手の位置
を思い切り高くする

相手の動きに
しつこいくらいつく

NAKAGAWA'S ADVICE

上がっている手は下ろしやすい

高い位置にある手は素早く下ろせますが、 下がっている手を上げるのは時間がかかります。 まずは手を上げて自分を大きく見せ、 そこから1対1に対応しましょう!

1on1ディフェンスでプレッシャーを与え続けるコツ

NG

こんな1on1をしてませんか？

腰が浮いてしまう

相手のシュートフェイクで腰を浮かされたり、
腰が浮いた状態で詰めていくとカウンターを食らってしまう

オフェンスが下がったら一休み、ではない

相手がアタックを仕掛けてきたときにまずはコースに入って止める、ここまでは普段から意識していることだと思います。しかし、相手にプレッシャーを与え続けるには、コースを止められたオフェンスが下がった場合に、どういう反応をしているかが大切です。

相手は狙い通りのアタックができなくて下がったのですから、ここは追い打ちをかけるようにしっかり詰めていきましょう。ここではカウンターを食らわない詰め方を説明します。

CHECK

ワンアームの間合いでコースに入る

詰め過ぎると抜かれやすく、離れ過ぎるとプレッシャーがかからず、自由にドリブルやシュートをされてしまう。まずは、腕一本分の距離で相手のコースに入るのが大前提。

1

頭を上下させずにディフェンスのスタンスでついていく

2

基本は腕一本分の距離（ワンアーム）

3

オフェンスが嫌がって逃げたときにしっかり詰める

NAKAGAWA'S ADVICE

遠くから打つと無理が起こる

間合いを詰めるほどオフェンスは嫌がるもの。常にプレッシャーをかけて、オフェンスを気持ちよくプレーさせないことが大切です!

おわりに

EPILOGUE

「どれだけ練習したらいいですか?」とよく聞かれます。

私は「試合で困らないぐらいやるといいです!」と答えます。

バスケットはとにかく練習、練習!

「これだけ練習したぞ!」と自負と安心を担保できれば、試合で不安に思うことはなくなります。

ディフェンスのプレッシャーがきつくても自分はボールキープができるか?

この1on1の動きで出し抜けるのか?

素早い相手にディフェンスでついていけるか?

このようにゲームの本番から逆算して、練習の“基準値”を設定するといいですよ。

バスケットは相手あってのスポーツなので、自分だけの物差しだけではなく、「相手に通用するか?」をキビシ目に考えるぐらいがちょうどいいのです。

バスケットは、コツコツ努力していれば、必ず力がついてきます。

グッと上手くなる瞬間が来るので上を見て頑張っていきましょう!

本書がその手助けになれば、本当に嬉しいです。

中川直之

中川 直之（なかがわ・なおゆき）

考えるバスケットの会会長
考えるバスケット教室（Nao塾）代表

1982年生まれ、山口県下関市出身。小学校4年時よりバスケットボールをはじめる。山口県立豊浦高校、専修大学と進学し、大学時代は主要4大タイトルを制覇する（新人戦、春季トーナメント、秋季リーグ戦、全日本大学選手権）。実業団時代と併せ、10度の日本一を達成するなかで培った「バスケットスキル」に、「メンタルコーチング」を融合させた独自の指導スタイルを確立。超実戦的ノウハウを紹介する会員制オンラインコミュニティ「考えるバスケットの会」を立ち上げ、全国各地でのクリニックやYouTube配信を行っている。得意なプレーはゲームメイク（ポジション：PG）。司令塔ならではのきめ細かな指導に定評があり、日本全国に10万人の支持者を抱える。プロとして活躍した中川和之は双子の弟である。

モデル 重富友希

●カバーデザイン　三國創市（株式会社多聞堂）
●本文デザイン＋DTP　三國創市（株式会社多聞堂）
●編集　佐藤紀隆（株式会社Ski-est）
　稲見紫織（株式会社Ski-est）
●写真　眞嶋和隆

すぐに試合で使える! 点が取れる! 魔法のバスケレッスン

2020年 3月20日 第1刷発行
2023年10月28日 第5刷発行

著　者　中川直之
発行人　蓮見清一
発行所　株式会社宝島社
〒102-8388 東京都千代田区一番町25番地
電話 営業 03-3234-4621
編集 03-3239-0926
https://tkj.jp
印刷・製本　サンケイ総合印刷株式会社

Printed in Japan
ISBN 978-4-299-00362-1